U0651167

那些怪诞又实用的日常心理学

发现暗藏在工作和生活中的机遇

[英] 理查德·怀斯曼（Richard Wiseman） 著
谢宝霞 译

CNS PUBLISHING & MEDIA
湖南文艺出版社
HUNAN LITERATURE AND ART PUBLISHING HOUSE
博集天卷 CS-BOOKY

图书在版编目（CIP）数据

那些怪诞又实用的日常心理学 /（英）理查德·怀斯曼（Richard Wiseman）著；谢宝霞译 . — 长沙：湖南文艺出版社，2016.10
书名原文：DID YOU SPOT THE GORILLA?
ISBN 978-7-5404-7804-9

Ⅰ . ①那… Ⅱ . ①理… ②谢… Ⅲ . ①心理学—通俗读物 Ⅳ . ① B84-49

中国版本图书馆 CIP 数据核字（2016）第 236439 号

著作权合同登记号：图字 18-2016-183

上架建议：心理学

NAXIE GUAIDAN YOU SHIYONG DE RICHANG XINLIXUE
那些怪诞又实用的日常心理学

作　　者：［英］理查德·怀斯曼
译　　者：谢宝霞
出 版 人：曾赛丰
责任编辑：薛　健　刘诗哲
监　　制：蔡明菲　潘　良
特约策划：李　娜
特约编辑：尹　晶
封面设计：主语设计
版权支持：辛　艳
版式设计：张丽娜
营销推广：李　群　张锦涵
内文排版：百朗文化
出版发行：湖南文艺出版社
（长沙市雨花区东二环一段 508 号　邮编：410014）
网　　址：www.hnwy.net
印　　刷：北京鹏润伟业印刷有限公司
经　　销：新华书店
开　　本：880mm × 1270mm　1/32
字　　数：200 千字
印　　张：4.5
版　　次：2016 年 10 月第 1 版
印　　次：2016 年 10 月第 1 次印刷
书　　号：ISBN 978-7-5404-7804-9
定　　价：35.00 元

质量监督电话：010-59096394
团购电话：010-59320018

致谢
Thank

感谢我的经纪人帕特里克·沃尔什（Patrick Walsh）和编辑们——安娜·夏丽特（Anna Cherrett）、林赛·戴维斯（Lindsay Davies）和尼古拉·斯科特（Nikola Scott），因为他们的帮助，这本书才得以正式出版。感谢赫特福德大学（University of Hertfordshire）对本书的大力支持，感谢埃玛·格里宁（Emma Greening）为调研工作提供的帮助，感谢丹·西蒙斯（Dan Simons）制作的“大猩猩”短片。

最后，我还要特别感谢卡罗琳·瓦特（Caroline Watt），她目光敏锐，心思细腻，帮忙修改语法问题和审校文稿并全力协助本书的创作。如果没有卡罗琳的帮助，本书就不可能以现在的面貌呈现给读者。

目录

Contents

前言 发现大猩猩的奇幻之旅

让大象消失的幻觉游戏 _003

大猩猩之谜 _008

第一章 开启大脑，时刻准备着

1. 搜罗生活中的颜色 _004

2. 大脑的神奇配对功能 _007

3. 时刻准备着的大脑 _009

4. 发散我们的思维 _011

5. 浴缸里的机遇 _018

6. 世界著名畅销产品的诞生源头 _020

本章小结 _023

第二章 视角的力量

1. 拥有双重含义的漫画 _031
2. 视角的魅力 _034
3. 平面与立体 _036
4. 考验创造力的方框 _041
5. 随波逐流 vs 另辟蹊径 _046
6. 为世界造福的“大猩猩” _051
7. 便利贴中的“大猩猩” _053
本章小结 _055

第三章 认真玩耍

1. 置身事外，纵观全局 _066
2. 压力与创新思维的关系 _069
3. 用放松的心态看待世界 _072
4. 玩耍的智慧 _078
5. 查查你的“玩商”指数 _081
本章小结 _086

第四章 是时候叫醒大脑了

1. “视”而不“见”的钟面 _093

2. 惯性思维的圈套 _097

3. 透过表象看本质 _101

4. 唤醒休眠大脑的秘术 _103

结论 大猩猩就在丛林里 _115

附录 _123

DID YOU SPOT

THE

GORILLA?

前言

Preface

发现大猩猩的奇幻之旅

世间最难的事情莫过于看清楚眼前的事物。

——歌德（Johann Wolfgang von Goethe）

德国诗人和小说家

让大象消失的幻觉游戏

魔术大师哈里·霍迪尼（Harry Houdini，1874—1926）让大象活生生地从众人眼前消失的魔术，曾一度让全世界为之震惊。此时此地，你也可以重现这神奇的现象。让我们现在就开始吧！

首先，请看下面这张图，霍迪尼和大象分别位于图片的左右两侧，你可以清晰地看到，大象的图像非常完整，而且周围也没

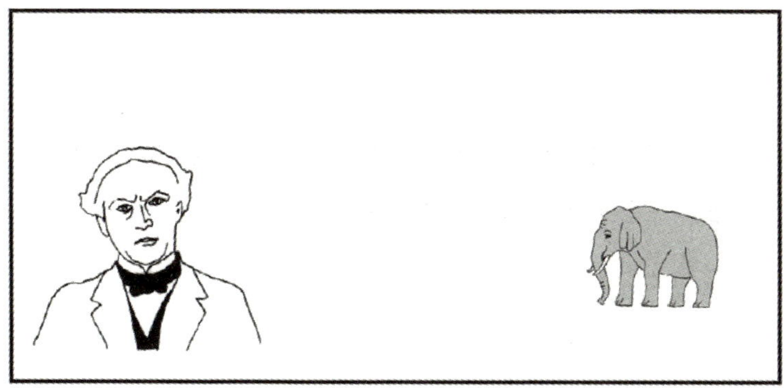

有什么可疑的陷阱或镜子。

然后，闭上你的左眼，把书放到离你一手臂远的距离，同时用右眼一直盯着霍迪尼的头部。现在，把书慢慢靠近你的脸，同时眼睛要盯住霍迪尼的头部不动，你会发现，随着书的移动，在某一个点，大概书和脸有三十厘米距离的时候，大象会突然消失不见。一秒之前它还在那里，一秒之后它就消失了。

就在刚才，你让一头大象凭空消失了。做得非常棒，鞠躬谢幕吧。当然，如果你是在书店里看这本书，就不必鞠躬了，你可以给旁边的人示范这个小游戏（如果那个人也照着做了，相信很快书店里的人都会学会的）。

如此简单的几个步骤就能产生这样的幻象，是因为我们的左右眼都有一个“盲点”，在这一小块区域是看不见的，但是大脑不会提示你有这个视觉盲区，不管你眼前是什么，它都会自动用周

世间有四种东西无法挽回：说出去的话、射出去的箭、流逝的时间，还有错过的机会。

——哈利夫（Omar Idn Al-Halif）

阿拉伯学者

边区域填补空白。

这个原理与我们看待世界的方式如出一辙。每个人的心理都有自己的“盲点”，正是这个盲点让我们对那些显而易见的解决方案视而不见，让我们深陷错综复杂的问题旋涡却看不到捷径所在，让我们与那些可能改变一生的良机失之交臂。本书旨在引导你如何去克服盲点、洞察眼前的机遇。

从中你可以感受到“所见即所察”是如何促进科学、工业和商业等领域的巨大发展的。它启发牛顿发现了地心引力，引导达尔文提出了进化论，激发古腾堡发明了印刷机，指引莱特兄弟建造了世界首架飞机，助力亨利·福特变身亿万富翁，更催生了世界上不计其数的畅销产品和服务。但这本小书并不是用来标榜这些惊天动地的大事的。书中所描述的原理同样适用于日常的工作和生活，它可以帮助你改善人际关系、提升职业生涯、打造全新事业、广结天下朋友，还可以帮助你实现突破与创新，改变看自己和看世界的方式。

> **故善战者，立于不败之地，而不失敌之败也。**
>
> ——《孙子兵法》

本书的观点源于我此前从事的运气心理学研究。在长达十余年里，我研究了数以百计的个案，他们中有的人好运连连，有的人却厄运缠身。这一研究成果后来写进了 *The Luck Factor*（《运气因素》）一书中。通过研究发现，有些人真的是运气比别人好很多，机会也比别人多很多，这是为什么？因为他们能够在没有意识到的情况下克服心理盲点，而大部分人却做不到这一点。

积极地去创造并抓住那些触手可及的机会，这是人生最大的艺术。

——塞缪尔·约翰逊（Samuel Johnson）

英国作家

对这项研究反响最强烈的当属商界人士了，他们人人摩拳擦掌期待抢占先机，而眼下变幻莫测、竞争日益激烈的商业环境更是加剧了这种情形。企业的好日子一去不复返，他们不能再分毫不差地预知未来，不能再想当然地为他们的产品和服务锁定市场。取而代之的是流动性更大、更难预测和更具挑战的市场环境。每天的机遇转瞬即逝，恰如霍迪尼的大象，随时闪现又瞬间消失。环境变化无常，商界人士人人自危就不足为奇了。要在竞争中获得优势，就要敏于观察、发现机遇，并充分为我所用。本书正是在这种情况下应运而生，其中涵盖了此前在运气心理学研究中获得的最新成果，通过介绍四种简单有效的方法，帮助大家抓住瞬息万变的机会。

结论 Conclusion

大象的“消失”是因为眼睛的“盲点”造成的幻象，那么在我们的生活中，又有多少事物因为心理的“盲点”而消失呢？

大猩猩之谜

那么，我们研究的问题跟大猩猩又有什么关系呢？这个问题问得好。大猩猩是哈佛大学的心理学家丹尼尔·西蒙斯（Daniel Simons）和他的同事制作出来的一部短片的主角，这部短片只有三十秒，是他们用来研究视觉心理学的。

短片所展示的内容是：三个穿白色T恤和三个穿黑色T恤的人在玩篮球，但是球只在穿白色T恤的人中间传递。在他们传球过程中，会有一个装扮成大猩猩的人出现。他慢慢走近人群，然后对着镜头拍打胸口，最后从这六个人身边走过，然后离开。如下图所示：

研究人员要求实验的参与者，也就是短片的观众，在观看影片的同时统计穿白色T恤的一组人的传球次数。等短片放映结束后，询问他们有没有在观看过程中发现异常。令人大跌眼镜的是，极少有人察觉到大猩猩的存在。这个实验成为心理盲点的绝佳例证。

在过去的很多年里，我在商务演讲中多次播放这部短片，每次放映结束后，我都会问观众这样简单的问题："你们看到大猩猩了吗？"然而，很多人都用奇怪的眼神看着我，一脸茫然。接下来，我会再放映一次，并在播放中提醒他们注意装扮成猩猩的人。大家的反应很有趣：多数人惊得目瞪口呆说不出话，少数人局促不安地讪笑起来，个别人不肯相信自己的眼睛，认为我偷换了短片。

就在几年前，我在皇家协会曾给很多科学家播放了这部大猩猩的短片。有一位在微生物领域非常著名的科学家在一次访谈中谈到了这部短片，他说，正是这部关于大猩猩的短片，让他意识到自己可能在实验室错失了很多重要的发现，从某种意义上来说，这部短片也改变了他的生活。

我曾在BBC电视台播放过这部短片，正如大家所猜想的那样，观众们对影片的谜底大为惊叹。

"太震撼了，我居然没有看到有大猩猩走过。"

"太难以想象了，我只能说非常不可思议。"

“我感觉，在以前的生活里我一定错过了很多东西。”

正是因为心理上有盲点，我们才错失了很多东西。而“大猩猩”作为心理盲点的代名词，既简单有趣又十分容易理解。这本书就是要告诉大家如何在生活和工作中发现“大猩猩”。

现在，请拿起你的望远镜，开始一场寻找“大猩猩”的趣味之旅吧，它将彻底颠覆你看世界的方式。

在起程之前，我要先说明两件事：

1. 为了更好地观看沿途的风景，请先测试一下你的望远镜。在下面的图片中有一群大象，你是否能找到隐藏其中的大猩猩？

2. 在我们的旅程中，我还邀请了两位朋友与我们同行，希望大家不要介意。

“你从哪儿弄来这本书的？”奥利弗问。

“一个朋友推荐给我的，”露西说，“他说这书让他重新思考了很多事情，我们也应该读一下，你觉得呢？”

“嗯，说实话，读完前言我就没耐心了，我一眼就看到象群里的大猩猩了，如果就这么简单的话，星期三我提出个新的进化论，星期天我就可以变身亿万富翁了！”

奥利弗把书还给露西：“我的意思是，发现机会是件好事，但就别指望我俩找到改变世界的‘大猩猩’了。”

“真有你的，奥利弗，这话一听就是你说的，还没去尝试就要放弃！”露西话里带刺，“但这本书可不是让你去改变世界的，它是教你怎样工作和生活。上周开会，你也知道公司正面临困难，市场部挖空心思搞宣传，但利润增长太慢，公司上下怨声载道。怎样才能让公司更有凝聚力，怎样才能让仓库的新技术正常运行？也许是该换换思路了。”

“嗯……我明白你的意思，但我实在不擅长所谓的突破创新、换位思考，更不会异想天开。”

“哈，你说到问题的关键了，书里的观点都是实验研究的结果，只要你愿意，你就可以尝试。”

“好吧，听你的，那接下来我们该怎么做呢？”

“嗯，这本书里介绍了四种方法，其中最关键的一点就在于要积极地思考如何在生活和工作中应用这些原理。”说着，露西拿起纸笔，“我来画一只大猩猩，这样我们在看书的时候，它就能提醒我们保持警醒，不能懈怠。”

露西折起画纸，递给奥利弗，站起身来说：“好了，帮我固定到记事板上吧。我跟市场部的玛莎要开个会，晚些时候我们再聊，再见。”

“书还没看，我不想显得太没信心，但重塑一个人可不是件简单的事。画一只大猩猩难吗？”

“不难，只是换一下你看事情的角度。”露西转身走出办公室。

奥利弗打开画纸，笑了笑，小心地将画纸固定到了记事板上。

然后，他拿起书读了起来。

第一章

Chapter 1

开启大脑，时刻准备着

在观察的领域里，机会只垂青有准备的人。

——路易 · 巴斯德（Louis Pasteur）

法国微生物学家

为什么大家没有发现大猩猩呢？在放映这个小短片之前，我曾跟观众说过，这个短片是测试他们的观察能力的，希望他们能够统计出穿白色 T 恤的人传球的次数。但是我没有提及画面里可能出现的异常状况，所以没有人会想到有大猩猩出现。或者换成另外一种比较科学的说法，观众对突然出现的装扮成大猩猩的人在大脑中没有预期。这对理解为什么我们对显而易见的事物视而不见至关重要。

人脑对它期待要看到的事物极其敏感。人在饥饿的时候，大脑会专注于寻找食物；人在口渴的时候，大脑则执着于寻找水源。问题由此产生：大脑在全神贯注于那些预期中的事物时，就会忽略不期而遇的事物。

生活中你可能曾经有过这样的经历：

你到火车站接一个朋友 A，碰巧另一个朋友 B 也出现在车站，你从他面前径直走过却毫无察觉，就是因为你的大脑没有做好遇见 B 的准备。

在前言结尾部分的那个小测试里，我提到让大家检查望远镜，准备好寻找大猩猩。也许你们每个人都找到了，但你是不是仅仅有意识地去寻找大猩猩，而忽略了大象的腿的异常呢？（和大家开的一个小玩笑！）

值得庆幸的是，我们可以很好地开发大脑的这种特性。大脑喜欢看到“它想看到的事物”，那我们就完全可以利用这种特性提高自己发现机会的能力。

下面是几个这方面的小游戏，让我们来体验一下，一探究竟。

1. 搜罗生活中的颜色

环视你的四周，你此刻可能正身处一家商店，或你的办公室，或你的家里。不论身处何地，看一下你的周边，然后选取下列颜色中的一种：

红 蓝 绿 黄（参见后勒口）

选好颜色后，再环视四周，这一次要注意找出与你所选颜色一致的物品。如果你选了蓝色，那就寻找蓝色的物品，大小不限。

你可能注意到一本书的封面是蓝色的，有人穿了一件蓝色花

眼睛里看到的，取决于内心所向往的。

——约翰·卢伯克爵士（Sir John Lubbock）

英国人类学家

纹的衣服，或者地上有一小块蓝色地毯，等等。对于大部分参与过这个实验的人来说，如果重来一次，情况会大不相同，他们会发现在首轮实验中遗漏的大量物品。

现在重新选择一个颜色再来一次，重复刚才的步骤，再次环顾四周搜寻与你所选颜色一致的物品，这一次你发现了什么？

很多人惊奇地发现，首轮实验错过的东西，现在纷纷跃入眼帘。

在第二轮实验中，你的大脑已经做好准备去寻找特定的颜色和为第一轮实验查漏补缺。相同的原理同样适用于寻找“大猩猩”上。这里的重点在于提醒大脑做好准备去发现你希望获得的机遇，或是想解决的问题，然后，花点时间让大脑做好准备去寻找可能的良机和解决之道。

我们每天都接触各种事物，接收各类信息，疲于各式会议，收发各种邮件，高谈阔论，指点江山。如果你的大脑已经准备好了要解决一个特定问题，它就不自觉地过滤掉各种让你分心的事情，使你专心处理这个特定问题。如此一来，你就很容易获得解决问题的方法和良机。大脑的这一非凡特性在多个科学实验中都得到了印证。反之，如果大脑没有做好准备，你就可能错失良机。

2. 大脑的神奇配对功能

在一项研究中，志愿者们需要回答一连串相当有难度的常识题，其中有一道是：

在航海中，用于测量船只的位置，尤其是太阳、月球和恒星的顶垂线的仪器是什么？

对于这些高难度问题，只有 30% 的志愿者能回答正确。然而有趣的是，在接下来的时间里（当然是在不自觉的情况下），大脑已经做好了寻找答案的准备。

一会儿，研究者们要求志愿者观看电脑屏幕上显示的一连串单词，例如“花费”“分类”“六分仪”“转移”“雨伞”，等等，然后要求他们辨认这些单词是否真实存在。志愿者们并不知道，这些单词当中有很多就是此前那些问题的答案，例如“六分仪”。

之后，志愿者们重新返回实验室对那些难题作答。令人惊讶的是，这一次的正确率接近 70%，虽然他们自己也不明白是怎么回事。

其实很简单，这些问题启动了志愿者们的大脑，让它时刻准备着寻找答案。之后呈现给他们一个发现答案的意外机会。假如大脑没有做好准备，就不会察觉屏幕上这些词与问题的关联性，但一旦做好准备，就会发现问题的解决之道。

3. 时刻准备着的大脑

这个游戏是为了激发创造性思维而准备的。参加游戏的志愿者走进一个房间，里面的地板上散落着各种小物件，天花板上垂下两根绳子（参见下面的左图所示）。他们的任务是把这两根绳子系在一起。

但问题是绳子的长度和它们之间的距离使志愿者无法同时抓住它们。“大猩猩”式的解决办法是在一根绳子的尽头系上一个小物件，它就可以像钟摆一样向另一根绳子摆动了（参见下面的右图所示）。

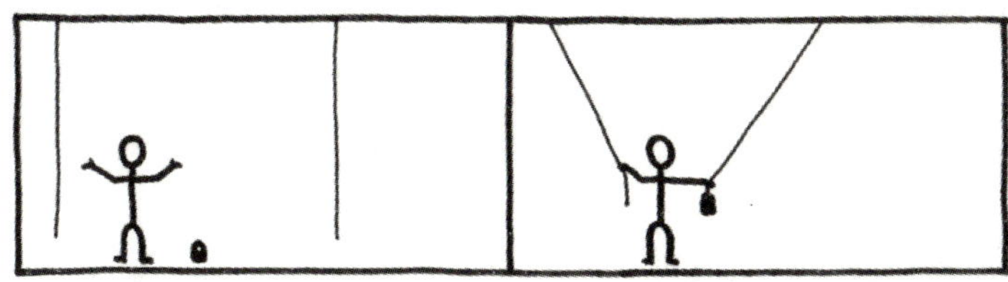

志愿者摸索一阵子后，游戏的主持者走进房间跟他们做了一个简短的交谈，然后离开。重要的是，在离开的时候主持者会假装无意间碰到其中一根绳子，让它轻轻晃动起来。这之后的情况估计大家都想到了，绝大多数志愿者都会想到这个钟摆解决法，但他们却没有意识到其实是晃动的绳子提醒了他们。在他们没有意识到的情况下，大脑已经做好了准备并且迅速抓住了一些貌似偶然的机会。

4. 发散我们的思维

在前面的游戏中，我们了解了怎样让大脑提前做好准备，去留意一切看似无关却十分重要的机会。在下面的游戏里，我们将进入反方向的“准备”——发散思维的训练中。

这次，我们将从散步开始，顺便了解下大脑的这一特性是如

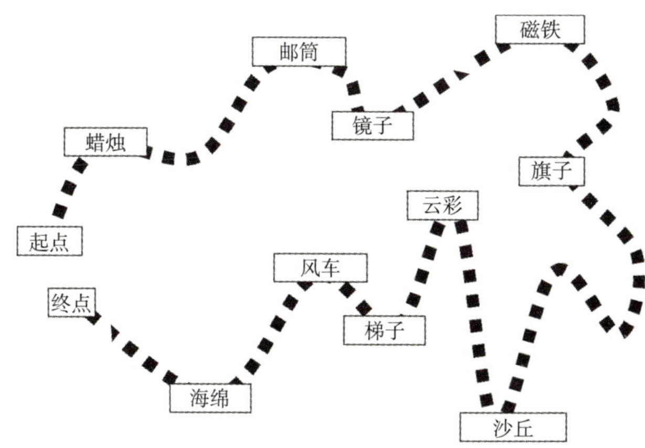

何体现在现实生活中的。假设上页图示中的十个地点是需要我们经过的，当你从这些东西旁边经过的时候很可能不会留意，因为这些都是在生活中司空见惯的。你对它们不感兴趣，很可能是因为你的大脑对它们不敏感。

现在让我们启动大脑，让它处于“备战”状态。在下面方框中任意写一个1到10之间的数字，阅读下列问题，找到与你的数字对应的那一题，你将带着这个问题重走这条路。

你的任务是设计：

1. 一种鼓励购物者把垃圾丢进垃圾桶的新制度

2. 一种建造经济型住房和办公室的新方法

3. 一种可以帮助书店招徕顾客的新营销策略

4. 一种新型的家具

5. 一种可以让大公司员工有更多见面交流机会的全新工作方式

6. 一种新型的交通工具

7. 一种新型的儿童玩具或者儿童游戏

8. 一个新的电影桥段

9. 一种新型户外服装

10. 一种新颖的电视或者电台节目

11. 一种新的寻找在主题公园走丢儿童的营救方法

稍作思考，把你想到的一两个解决方案写在下面的方框里。

现在，我们要重走上面的路线，沿途依旧会遇到此前所见的十件物品。但这次你的大脑要保持警醒和开放，尝试观察每一件物品，然后考虑是否可以为你所用。因为问题的解决方案可能存乎于一件或几件寻常之物中。有时一件物品本身可能就是解决方案，或者让你想到与它相关的某个概念，或者会由此及彼，引发联想，衍生出一个与它本身毫不相关的想法。如果某一件物品没有带给你任何灵感也没关系，继续前行，期待下一次相逢。

在起程前，我再解释一下这个理念的运作机制，也许对你会有些帮助。假设我没有看清楚说明而误选了第 11 个选项，我就要设计一个寻找走失儿童的新方法。这是一个难度很大的任务，因为公园的面积通常很大，很多走丢的孩子因害羞和恐惧不会主动向陌生的成年人或工作人员求救。

当我经过以上十件物品的时候，我都会仔细思考如何利用它们。比如蜡烛可以帮助人们在黑夜里辨明方向，那我就想，为何不在孩子们刚进入公园的时候就发给他们每人一张特别设计的儿童地图呢？孩子们一旦走丢，地图就会像蜡烛一样，为他们指明如何找到自己的路。或者在小朋友们排队入场时，就给他们播放一段有趣的以小猴为主角的教育视频，视频里的小猴曾在公园中走失，但有惊无险，因为小猴一点也不慌张，凭借自己的聪明才智最终找到了专门帮助走丢小猴的接待站。

继续前行，可以看到下一件物品：邮筒。当然，邮筒是用来投递信件的，有工作人员定时开箱取信。那何不在公园各处设置装有报警器的邮筒，走丢的孩子可以随时按键报警。警报声一响，工作人员就会出现，然后把孩子接走。

我想不出镜子究竟有何用处，但磁铁却激起了我无穷无尽的想法。磁铁具有强大的吸力，能够吸引铁片，那我们也可以建一座能够吸引孩子们注意力的儿童服务站。让我们把问题反过来，与其吸引孩子去找服务站，不如研究下孩子走丢后通常会去哪些地方，服务站就可以考虑建在那里。

好了，现在轮到你了。沿途的想法可以随时记录在下表里，好好享受这次充满乐趣的散步吧。

这种训练给我们演示了大脑在日常生活中是如何运作的：不是把问题完全抛诸脑后，也不是把全部的注意力都集中在问题上。你要做的就是找到这两者之间的平衡，也就是既要保持对问题的关注，又要保持开放的心态，能够接受预期以外的事物，这就是我要告诉大家的秘诀。

人们只会看见他们想要看见的。

——爱默生（Ralph Waldo Emerson）

美国哲学家及诗人

大脑只要以这种方式做好准备，加上有充裕的时间感知周围的事物，就会开始不自觉地思考如何利用意外的事件和突发的灵感解决问题。接下来，你就遇到“大猩猩”了，也就知道自己应该怎么做了。

做好准备，机会自会降临。

——亚伯拉罕·林肯（Abraham Lincoln）

美国总统

就在这一刻，你遇到意想不到的机遇，喜获问题的解决方案。它看起来像是一个惊人的巧合、一次幸运的垂青、一道闪现的灵光，抑或是上帝的恩赐。事实上，它不过是有准备的大脑和开放的眼光孕育结合的产物。大脑在潜意识里检视过无数的经验和可能的方案，而你并不知情，它只在洞悉答案的那一刻才让你知晓。

这个简单的理论充满了魅力而且历史悠久，让我们来看看历史上诸多耳熟能详的发现“大猩猩”的精彩瞬间。

5. 浴缸里的机遇

在古希腊，著名的数学家阿基米德（Archimedes）在洗澡的浴缸里发现了“大猩猩”，留下了千古名句：“我终于发现了（Eureka）！”

据说，新登基的国王给了这个国家技艺最精湛的工匠一大块金子，命他打造一顶精美的王冠。一年后，工匠完工并献上王冠。然而，国王却怀疑工匠私自把其中一部分金子换成了劣等金属。根据当时的物理学知识，国王可以想到纯金王冠的体积要比同等重量的其他金属的体积略小。但问题是王冠外形奇特，没有人能够想出如何计算它的体积。最后，国王向阿基米德求助。

经过一段时间的反复实验，阿基米德能想到的方法基本上都以失败而告终。有一天，他冥思苦想，得出几个办法，又逐一否决。于是他决定先洗个澡休息片刻。当他光着身子坐进浴缸时，溢出的水溅到了外面。这时他突然灵光一现，计上心来。他和

“大猩猩”不期而遇了（这对他和“大猩猩”来说都是惊喜吧）。

阿基米德意识到，可以把王冠放进水盆里，上升的水位代表的恰好是王冠的体积。阿基米德有准备的大脑，使他能立刻抓住意想不到的机会，并以此解决了测量不规则物体体积的难题。

6. 世界著名畅销产品的诞生源头

同样的理念催生了世界上不胜枚举的著名畅销产品，圣诞拉炮就是其中之一。

在 19 世纪 50 年代，英国有一位叫托马斯·史密斯（Thomas Smith）的糖果商凭借生产、销售一种装有糖霜杏仁、小格言纸片和小饰物的硬纸筒而发家致富。但是，史密斯的竞争对手很快也开始生产类似的产品，他意识到要想独占鳌头，就必须想个新点子出来。为此他伤神数周。有一天他站在壁炉前把一块掉出隔栅

伟大的发现如蒲公英种子般在空中飘浮，遇到有准备的大脑就落地生根。

——约瑟夫·亨利（Joseph Henry）

美国物理学家

的木头踢回壁炉时，这块冒烟的木头竟然砰的一声炸裂开来。这激发了史密斯的灵感，他随后设计出了一种一拉开就能发出巨响的拉炮。

19 世纪 60 年代，史密斯生产出了首批名为“期待之声”的拉炮，到 20 世纪末，他的工厂每年生产拉炮的数量已经超过一千三百万组，史密斯也因此富甲一方。这一切都得益于那个从炉火中蹦出的“大猩猩”。

托马斯 · 史密斯的故事仅是冰山一角，历史上与“大猩猩”有关的发明创造数不胜数。瓦特（Watt）在观察壶中沸水时突发奇想，提出了蒸汽机的原理；牛顿（Isaac Newton）看到苹果落地时恍然大悟，发现了地心引力的存在；查尔斯 · 古德伊尔（Charles Goodyear）不慎将橡胶滴在火炉上，意外形成了性能稳定的材料，之后经过大量实验，最终发现了具有重大商业价值的橡胶；凯洛格（Kellogg）兄弟数年来致力于开发一种新的早餐谷物，一些炒熟的小麦遗漏在外，暴露一天，这一无心之过却让小麦形成了一种漂亮的雪花状纹；建筑师弗兰克 · 劳埃德 · 赖特（Frank Lloyd Wright）为威斯康星州的教堂设计房顶，前后考虑过各种不同形状，后来，就在他祈祷的过程中，合十的双手最终给他带来了灵感；亚历山大 · 弗莱明（Alexander Fleming）苦心研究更有效的抗生素，一块落入培养皿里的霉菌杀死了里面的细菌，这一意外发现成就了医药史上一个伟大的进步，青霉素（Penicillin）从此诞生了。

本章小结

“大猩猩”们来去不定、幻化无形。它们可能是下周的派对上你要遇到的一个人；可能是商店橱窗里惊鸿一瞥的一个摆件；可能是明天的报纸里你要读到的一则新闻；可能是在例会上听闻的一句评价；可能是杂志上浏览到的一则广告；可能是会议上的一次闲谈；可能是一个顾客、一同事，或是一个孩童的无心之语，此刻，“大猩猩”可能就站在你面前，或者藏在你左右，或者明天就从你的邮件里一跃而出。

不管“大猩猩”如何千变万化，如何潜藏隐匿，只要你的大脑准备好了，假以时日，你就一定能够找到它，让问题迎刃而解。

处处留心，但不用穷思竭虑。

学会适度放松，就会赢得一片海阔天空。

寻找“大猩猩”实战秘籍：

给大脑一个问题，认真思考，然后放松，打开心扉，吸纳多元、新颖的观点，你就会遇到全新的解决方案。

提示一：为了帮助你的大脑做好准备，你要把想要解决的问题写下来。它可能与你的生活相关，也可能与你的工作相关。不管什么问题，要写得简单明了。然后专门抽出时间寻找解决办法。打几个咨询电话，找人切磋商讨，认真地独立思考，阅读相关书籍，网上查阅资料……如果还是找不到办法，那就停下，不要死缠烂打。

提示二：放松下来时，不要把问题弃之脑后，而是要处处留心。在办公桌放一个玩具大猩猩，或者在口袋里放一个不同寻常的小物件，来帮助提醒你不要忘记。

提示三：通过吸纳多元、新颖的观点来充实自己，参观一家从未造访过的博物馆或美术馆，翻阅一份从未读过的杂志或报纸，或随意浏览网络上的信息。沉住气，不着急。让自己沉浸在全新的观点和体验里，你的大脑会自动在繁复纷杂的事物里寻找关联、创造奇迹。

吸纳好运的秘密

在最近的一次调查中，我询问志愿者两个简单的问题："在你身上是否经常发生好运降临的事情？""如果你长时间思考一个问题但没有进展时，你会暂时停下来，等待机会吗？"

调查结果显示，有些人在思考问题时会暂停放松，放眼四周，此时他们的大脑会自动搜索解决方案。这种人更容易撞到好运气。

发现“大猩猩”的大脑都是有准备的。给大脑足够的时间和充分的自由，让它任意翱翔。准备好你的大脑，睁开你的双眼，努力搜寻你身边的“大猩猩”吧！

玛莎端着咖啡向露西走了过来，微笑着问道："最近生活怎么样呀？"

"还是老样子，和以前没什么差别。新房子还在装修，每周五照例去上拉丁舞课。你怎么样？听说你在策划一个很大的广告宣传活动。"

"是的，这是上级部门的工作部署，都几个月了，我们还在努力中。"玛莎轻叹一声从桌子上拿起一份文件，"这上面说，我们要让客户明确知晓，我们是非常希望跟他们建立长久的合作关系的。与那些目光短浅的同行相比，我们的优势就是更看重未来，有远见。这个构想很好，但是要把它变成一个吸引人的广告，简直太难了。"

"嗯，是这样，我和奥利弗一直在讨论如何运用从这本书里学到的新方法，希望能给公司带来一些新变化。那些技巧是关于如何发现机会和找到解决问题的方法的，你要不要一起试一下？"

玛莎面带微笑："当然可以啊。我最喜欢尝试新事物。根据我以往的经验，即使最终不能解决问题，过程也是充满乐趣的。那么，我需要做什么呢？”

“你要是这样想就太好了，奥利弗就不怎么相信。好，第一步就是仔细思索这个问题。”

“相信我，这个问题我已经想了好几周了。”

“也许你在这个问题上太过用力了。如果把问题暂时放在一边但不完全把它抛诸脑后，也许会更有帮助。留心你平时不太注意或者想不到的地方，也许会有不一样的创意和想法冒出来。”

“说得有道理，我确实有些急于求成，但是问题实在是太重要，你真的很难置之不理。”

“我知道，咱们就先看看幸运女神抛给你什么吧，”露西安慰道，“你只要睁大双眼，注意发生在你身边的各种巧合和新近发生的各种事物就好。它们也许就是你的幸运女神。具体的做法我到时发 e-mail 给你。”

“太好了。说到新近发生的事情，我有没有告诉你我家最小的孩子开始上学了？”

第二章

Chapter 2

视角的力量

天才之所以成为天才，是因为他们能够从不同的角度感知事物。

——威廉 · 詹姆斯（William James）

美国心理学家

当大家观看传递篮球的短片时，因为受到了统计传球次数要求的引导，大家觉得紧紧盯着篮球才是最重要的，没有考虑从其他侧面观看影片。这很容易理解。

在观看短片之前，如果要求大家统计传球次数，那么大概有80% 的人会看不到大猩猩；但是如果事先没有要求他们把注意力放在篮球上，那么大多数人都会发现大猩猩。

所以，观察角度决定了我们看到的世界，也决定了我们能否发现存在的机会和解决问题的方法。

1. 拥有双重含义的漫画

请大家看下面的图片。第一眼可能看不出什么特别，但实际上，这幅图有两种完全不同的观察角度。如果用平常再正常不过的看书角度，可以看见一座小岛，旁边有一个老人坐在船上，表情不安地看着一条大鱼。可是，如果你把书倒过来，这幅画就变成了一只大鸟的嘴里叼着一个老人。

这幅神奇的画是20世纪的漫画家古斯塔夫·费尔贝克（Gustave Verbeek）创作的。当时，他正面临一个非常棘手的难题，而这幅画作正是他针对这一难题想出来的解决方案。费尔贝克一直在为《星期日纽约先驱报》（*The Sunday New York Herald*）创作四格漫画，但他希望能给读者奉送更多精美的八格漫画，报纸编辑却拒绝给他更多版面，于是他就想出了绘制一些正常阅读和颠

倒阅读截然不同的画面。这样，费尔贝克就可以在四格的空间里展示八格漫画的内容了。

这幅图画的产生跟发现“大猩猩”蕴含着同样的道理：同样一幅画，从不同角度看画面截然不同。如果正着拿书，小岛是构图的主体，但是如果颠倒过来，小岛就消失不见了。把书反过来，大鸟清晰可见，但再倒回来，大鸟就立刻消失得无影无踪。

2. 视角的魅力

每件事、每个人、每段关系和每种场景，都可以用不同的角度去审视。也许从这个角度看，“大猩猩”无迹可寻，但换个角度，它就立刻出现了。

举例来说，如何加一笔让下面的等式成立？

10 10 11 = 10.50

有个简单直接的方法，你的大脑可能正从某个角度思考，但却没有发现“大猩猩”。如果你还没想出答案，需要一些提示的话，请翻到附录一百二十四页。

有帮助吗？乍一看问题，你的大脑会认为这是个数学问题。根据所给出的条件，它似乎是无解的。一旦你的大脑转个弯，就会看到答案就在眼皮底下。如果你还没想出来，就让我来为你指点迷津吧。这是个时间等式不是数学等式。要让等式成立，你只需在第二个数字 1 上面加一道横就可以了，这样就把数字 10 变成了单词 TO：

10 TO 11=10.50（差 10 分钟 11 点 =10:50）

现在这个等式读作："差 10 分钟 11 点等于 10 点 50 分。"从一个视角看去，"大猩猩"杳无踪迹，换一个角度观察，它却无处遁形。

3. 平面与立体

让我们尝试解决另一个问题。假设你的生日到了，你邀请七个朋友参加你的生日聚会。有朋友送了你一个下图所示的水果蛋糕，你想切成八等份和你的朋友们分享。但问题是，你的刀很不给力，只能切三刀就钝得不能再用了。那么，怎样用三刀把蛋糕分成八等份？在图上画出你的切法。

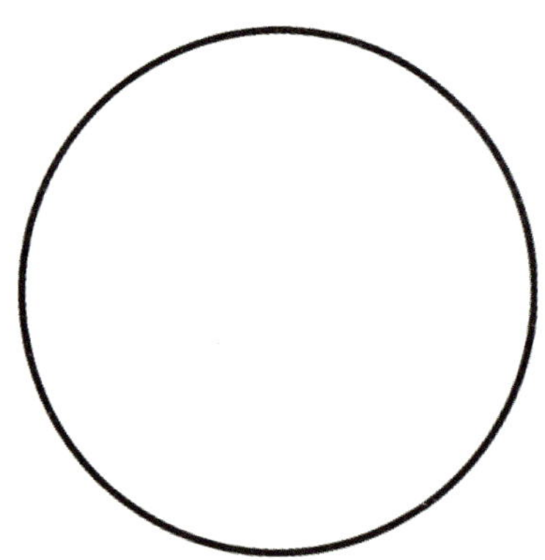

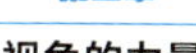

很多人觉得很为难，有些人把蛋糕切成两半就放弃了，有些人把蛋糕切成四份就不知道怎么再继续了，也有人说可以通过提醒朋友们注意节食来解决问题。其实，如果从正确的角度观察，答案就不言自明了。前一页的图示引导你从上往下看蛋糕。现在看看左下图以三维形式呈现出的蛋糕，答案就在这里。要解决这个问题，首先把蛋糕切成四份，然后再水平而不是垂直切最后一刀（见右下图）。如果你从正确的视角观察，“大猩猩”瞬间现身。

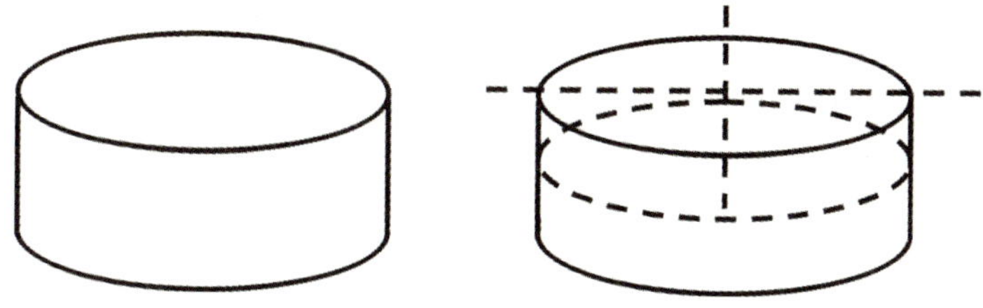

寻找“大猩猩”实战秘籍

从不同视角观察世界需要具备对不确定性因素的容忍力。心理学家设计了标准问卷衡量人们对不确定性的容忍度。问卷包含下列问题：

请为下列问题圈选“正确”或者“错误”：

我喜欢解决有明确答案的问题。正确 错误

我不喜欢打破规则。正确 错误

我相信对错之间有明显界限。正确 错误

找到解决方案是所有问题的关键所在。正确 错误

我觉得问题最好从一个角度去审视。正确 错误

以上问卷中，圈选“错误”选项的次数越多，对不确定性的容忍度就会越高。我的研究显示，和运气平平的人相比，

经常撞大运的人会更多地选择“错误”。这一发现有力地佐证了“发现大猩猩”和运用非常规方式观察世界之间的确存在紧密联系。

即使你自己没有想到前面的数字问题是个时间等式，或者没想到蛋糕可以水平切一刀，请千万不要灰心，即使是专家有时也会一叶障目。在本书开篇，我提到了世界著名魔术师哈里·霍迪尼，他不仅是一位幻象大师，还擅长逃脱术，能在几小时内从戒备森严的监狱里逃脱。然而，有一次他被困在一个监狱的地下室里，拼尽力气还是无法撬开牢门。时间所剩无几，还是无法脱困。他感到精疲力尽，便靠在门上休息。就在这时，牢门突然打开，他这才意识到门原本就没有上锁。他完全没有想到这一点，枉费了数小时。霍迪尼只从一个视角思考问题，因此错失了几秒之内便能顺利脱身的良机。

大脑所产生的特定看法是由诸多因素导致的。有时源于你的成长方式，有时取决于你所处的现实境况，有时某些观点会带给你情感上的共鸣，有时又会被周围人的观点所左右。问题是一旦你的大脑形成思维定式，它就很难改变。

创意，就是一双充满好奇的眼睛。

——伍德罗·威尔逊（Woodrow Wilson）

美国总统

4. 考验创造力的方框

请看下面的图示。我想请你用一支铅笔或者钢笔为下页的十六个方框变身。比如，你可以用几条线勾勒出一面镜子，也可以添几笔画成一个礼物盒，如下图所示：

这个任务的目的不是测试你的艺术创造力，而是呈现多元的视角，所以请不要在每个方框上耗时太久。

你有三分钟时间，请尽量多画。

计时开始！

你画得怎么样？最初的几个方框会很容易画，但可能很快你就思虑枯竭了。这是因为你很难改变大脑的思维定式。平均而言，大部人在三分钟内可完成九个方框。

要突破这个瓶颈，就要鼓励你的大脑多角度考虑问题。用更开放的心态积极吸纳新观点，从多个角度打量和审视这个世界。

这并不是很难。其实，这跟霍迪尼试图逃脱监狱的地下室不无相似之处，你需要做的就是停下来，靠在门上休息一会儿，门可能就在这时为你打开。

下面的十条建议会帮助你开启全新的观察视角，试着根据这些建议完成剩余的方框吧。

1. 设想这个方框无限大，那它是什么？

2. 在方框里画一个简单的几何图形，那它是什么？

3. 设想你是个孩子，你会怎么画？

4. 设想这个方框是水下的某样东西，那它是什么？

5. 设想这个方框是红色的，那它是什么？

6. 设想这个方框是小汽车的一部分，那你会怎么画？

7. 设想你是个会计，那它是什么？

8. 设想盒子里装着炸药，你会怎么画？

9. 随意用你的一根手指按住下列词汇中的一个，看看这个词汇怎样帮你画出一个全新的图案？

减肥、电视机、冰山、跳蚤、床、轮船、广告、手、岩石、烟囱、头发、皇冠、眼镜、火车、日本、宝宝、黏土、熊、小琴、比萨、化学、蛇、项链、河流、独轮车

10. 重复步骤 9，任意选择另外一个单词。

你这一次画得怎么样？如果采纳了以上这些建议，你会轻松画出更多的图案。下列图示是受访者在完成任务时画出的更有创造力的图案：

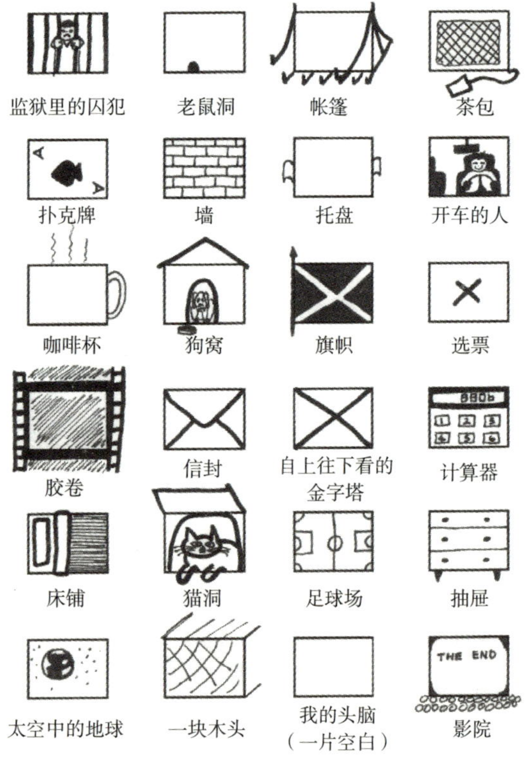

结论 Conclusion

不同角度的思考，能够带来无限多的创意。

5. 随波逐流 vs 另辟蹊径

不要因为脚下的路好走就认为是选择了一条正确的路。

——逸名

但是“大猩猩”可不是仅仅换个观察视角就能轻易发现的。看看这张图，想象这是一个巨大的沙坑，然后想象有人随意在某处埋藏了一笔钱。你只有一次挖沙找钱的机会，不要想太多，在你想挖掘的地方划“×”做个标记。稍后我们再回头看你标记的地方。

跟大猩猩一样，人类也是群体性动物，人们觊觎同样的机遇，面临同样的难题。

遗憾的是，我们的大脑结构相同，教养方式大致相似，观看同样的电影和电视节目。我们的集体意识和共同经历常常让我们所见略同。例如，上一章我让大家在十个数字中任选其一，大部分人选择了数字七。刚才我让大家在方框里画一个简单的几何图形，大部分人画了圆形。

把鱼钩投在无人涉足的水域才能钓到大鱼。

——奥维德（Ovid）

古罗马诗人

这跟在沙坑挖钱有什么关系呢？说到寻找机遇，我们往往在同样的地方搜索。我让数以百计的志愿者完成沙坑任务。有趣的是，绝大部分人会在一片限定的相同的区域挖掘（如下页图所示）。如果你是第一个淘金者，那自然好。但如果不

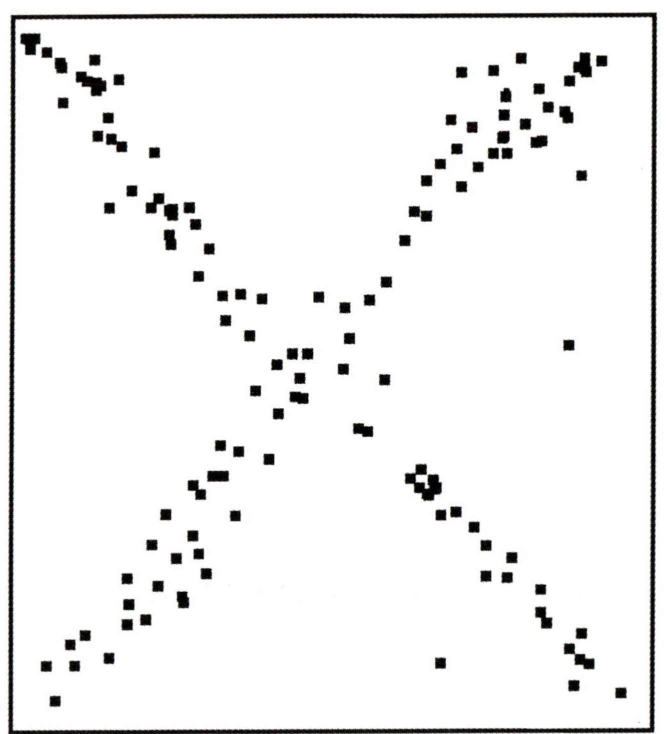

是，别人已经淘过的地方，你就不会有收获。实际上，如果你能远离人群，眼光独到，不走寻常路，你成功的概率会更大。

我们的思维和行动在不知不觉中被集体意识所左右。在完成方框任务过程中，人们的脑海里反复出现相同的想法，桌子、书本、鱼缸、画框、电视机，很难有新奇的想法，很难看到旁人看不到的视角。发现“大猩猩”也是如此，不管过去还是现在，人们的思维方式都是趋同的。但发现机遇往往需要另辟蹊径。

寻找“大猩猩”实战秘籍

想一个 1 到 50 以内包含两个不同奇数的数字，如数字 15，它有两个不同的奇数，但不能是 11，因为两个奇数不能相同。

在研究过程中，我问过很多人这个问题，绝大部分人会选择 35 或者 37。然而，那些经常好运连连的人却做出了不同选择，他们会选 17 或者 31。就那些运气平平的人而言，60% 会选择 35 或者 37，剩余的 40% 更容易发现意外的机会。

我把本章讲到的方框任务交给这一组人完成，出现了同样的结果。好运的人会完成更多的方框，并且更有创造性。这些实验都有力佐证了发现意外机遇和寻找复杂问题的出路需要具备观察世界的独到视角。

6. 为世界造福的“大猩猩”

在历史上，独到的视角帮助很多人发现了“大猩猩”。

成功的秘诀就是机会来临时及时抓住。

——本杰明 · 富兰克林（Benjamin Franklin）

美国政治家、科学家

我们来看一个成功的例子。在 1784 年，本杰明 · 富兰克林在巴黎任美国驻法大使期间，跟很多当时的官员一样，他很关心巴黎的商户们。冬季，商店早上开门营业时天色还早，需要购买大量蜡烛照明，花销不菲。他本可以有很多办法来解决这个问题，可以建议降低生产蜡烛的成本，或者改进生产工艺，制造出更耐用的蜡烛，但是他并没有这么做。富兰克林标新立异，从一个全新的角度发现了“大猩猩”。经过慎重考虑，他建议全国一年调整两次作息时间，这样商户们的营业时间就跟白天日照的时间有更多重合，从而节省了蜡烛的开支。

若没有机会，即使有能力也是枉然。

——拿破仑·波拿巴（Napoleon Bonaparte）

法国皇帝、军事家

此前有很多人都曾尝试解决这一问题，但从未想到可以通过改变时间来实现。富兰克林从一个全新的视角出发很快就发现了“大猩猩”。他的这一建议促成了“夏令时”的出现，节省了大量能源，拯救了无数生命，让全世界从中受益。

7. 便利贴中的“大猩猩”

这一思维方式在商界也起到至关重要的作用。实践反复证明，新的产品和服务都是那些眼光独到的人设计出来的。例如，我们现在广泛应用的纸制品——便笺纸就是一个典型的例子。

一旦发现自己和大多数人站在一起，就该停下来反思了。

——马克·吐温（Mark Twain）

美国小说家

在 20 世纪 80 年代早期，3M 公司的一个产品研发小组尝试研发一种性能超强的黏合剂。但实验并不顺遂，他们最后得到的是一种黏合力很弱的胶水，抹在纸上只有轻微的黏性，而且很容易从粘贴的表面上撕下来。遇到这种状况，大部分人肯定会弃之不理了，因为这完全不是他们想要的东西。但其中一个研发人员见此情景脑洞大开：与其给问题找答案，为什么不给答案找个问题呢？这个貌似简单的想法促使他为这些具有轻微黏性的纸张寻找用武之地。

思忖良久，未果。一天，他去教堂做礼拜，夹在赞美诗集里的书签突然滑落，让他很沮丧。但他马上意识到了这种新黏合剂的用武之地，为何不用它来制作书签？！它既可以粘住不易滑落，也不至于太黏撕不下来。最终 3M 公司发现新产品的用途并非只限于书签，于是开始生产可以任意粘贴和撕除的便签。“便利贴”取得了巨大成功，每年不计其数的相关产品在世界各地销售。

像夏令时和便利贴这样的例子不一而足。从不同的视角观察世界，避免从众心理另辟蹊径，众多历史奇迹就是这样创造出来的。20 世纪 40 年代，一群在荒漠中行走的商人发现了一片绿洲，他们创造了价值数亿美元的娱乐产业，这就是拉斯韦加斯；莱特兄弟抛弃前人的做法，不再模仿麻雀扇动翅膀，而是让飞行器像雄鹰一样滑翔，从而突破难题，发明了飞机；达尔文颠覆传统，从大猩猩身上看到了人类的前身，从而提出了著名的进化论。

本章小结

发现“大猩猩”就是用新眼光看老问题，拒绝成见、重新审视，不被定论蒙蔽双眼。不囿于过往经验和主观情感，转换视角，上下打量，必能思如泉涌，汩汩而流。

如果已成竹在胸，不妨多做几个备案，从他人不曾涉足的视角切入，以实现不断革新。打破常规，驰骋想象。擦亮眼睛，看他人之不见。避开人群，从沙坑边缘地带深挖下去。

一言以蔽之，就是怀着初见的心情看世界。

寻找“大猩猩”的实战秘籍

想要找到“大猩猩”，一个非常有效的方法就是转换视角，尽可能多地尝试变换看待事物的角度。

提示：遇到难题时，找一张空白的A4纸和一支笔，将基于不同视角得出的解决方案写到纸上，不要在意是否可行，不要顾忌传统，重在数量和创意，享受从全新角度处理问题带来的多样性结果。

提示：很难找到看问题的新角度？可以试试下列几种方法：

秘籍一：把自己想象成孩童、傻子、挚友、艺术家、会计、音乐家、厨师，等等，想想他们会怎么看待这个问题。

秘籍二：设想两个类似的场景（例如吸引客户到商店里来，就如同街头艺人吸引人们来围观他们的表演），在这些场景下怎么解决问题？再看看你的问题，能不能有所启发？

秘籍三：寻找一种新方式来展示你的问题，比如画一张图表或用数字表达，也许会给你带来新启发。

秘籍四：想想 3M 的研发人员是怎么通过转换问题和答案从而解决了“不黏胶水”的问题的。再想想你的问题是否也可以转换。

秘籍五：对于已经想出来的所有方法，仔细思考一下，它们之间是否存在共同的假设。如果有同样的假设条件，针对这些假设条件，试着再想想你没想到的事物。

秘籍六：想象通过运用跟你所列举方案完全相反的办法来解决问题。

提示：如果已经找到解决方案，请假设它不可行，继续再找两个备案。

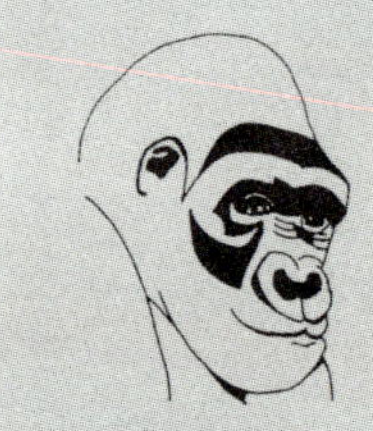

发现“大猩猩”的过程就是要颠覆传统，转换视角，把世界反过来看，寻找独创性的观点。

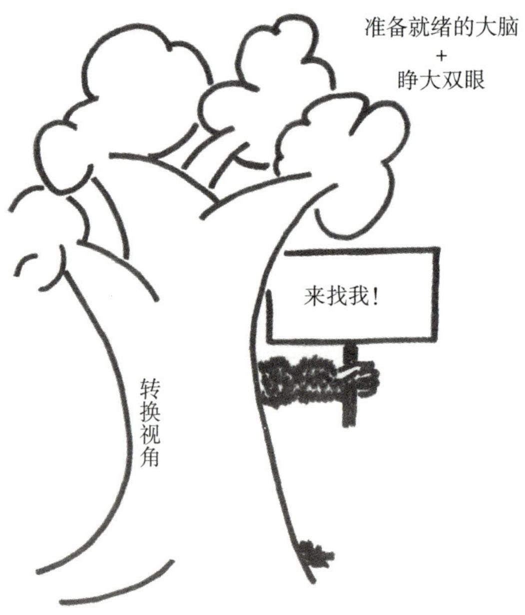

奥利弗写完展板，转身看到露西匆忙把一些文件塞进包里，“奥利弗，再不快点，会议要迟到了。”

奥利弗一脸错愕：“说什么呢？我们至少还有十分钟。”

“对，但是会议在顶层，走楼梯太高，电梯又太慢，我们必须要多预留十分钟。”

“对不起，你说得对，我忘记了。”奥利弗开始收拾桌上的文件。

露西疾步走向电梯，按下“上升”按键。一会儿奥利弗赶到，他满腹牢骚：“真是太浪费时间了，这些电梯真是没办法让人开心，我想客户也会因为这种感觉而不高兴的。要是我在会议上情绪不好，多半是因为……”

“哎，我有个主意！”露西打断他，“抱怨解决不了问题，不如我们讨论下怎么解决。让我们像寻找‘大猩猩’那样，从多种不同的角度分析这个问题。我先来，我们可以考虑把公司搬走。”

“不，那可不行，成本太高了。”

“你不该老是批判，我们只是收集想法。”

奥利弗面露疑惑："可是你正在批判我呀。"

"那不一样，你是活该。好了，让我们试试别的办法，我们可以花大价钱重装一部电梯，或者让这部电梯升级提速，或者限制使用电梯的人数。"

"那我们到底该怎么做？"

"我也不知道，也许我们可以错开乘梯高峰，或者把人员少的部门迁到顶楼，或者奖励员工多走楼梯，或者为走楼梯的员工成立慈善基金，或者用展板演示运动对心脑血管的好处，以此来倡导爬楼梯健身活动。"

奥利弗突然兴奋起来："我知道了！楼层竞技。你知道财务处的埃里克·希文［希文（Heaven）又意为天堂，此处为双关］吧，我们可以让他搬到顶楼，然后贴一个海报，写上'通往天堂的阶梯'。"

"叮"的一声，电梯到了，露西和奥利弗快步走进电梯。

"我觉得，"奥利弗说，"要是那个开门提示音再吵点，就真的没什么人愿意坐电梯了。"

"叮！"电梯到了四楼。

露西大笑："我们可以让电梯只停偶数楼层，这样员工就只需最多走一层楼梯就可以了。"

又是"叮"的一声，他们抵达八楼。

"或者，"奥利弗接着说，"那些不赶时间，想结识更多同事的人可以乘坐慢速电梯。这样做还可以使这些人在电梯里得到很好的交流。我一直认为在超市应该设两种不同的付款区域，让那些想有更多时间交谈的人等在慢速收银台。实际上，现在我们都是用电子邮件交流，过去员工递送文件要在公司各部门穿梭，现在我们错失了很多与其他同事接触的机会。是的，这是一个好办法。"

"谦虚点，不要沾沾自喜，我们还没找到最好的办法，开动脑筋继续想。"

露西和奥利弗对视了一眼，"叮"，电梯门开了，顶楼到了，他们俩走出电梯。

"电梯好像比以前快了很多，"露西说，"我们忙着讨论怎么让它加速，不知不觉就到了。"

"是啊！"奥利弗感叹道，"我们不需要做任何改变，只要在人们等电梯和乘电梯的时候给他们点事情做就好了。可以在电梯口挂面镜子，等电梯时可以正下衣冠，可以在每层安装电视机，或者放置一些精美的艺术品供人观赏，或者在电梯里设置个留言板，只要能提起人们的兴趣，让人有事做，什么都可以。”

“哟，那个持怀疑论的人很善于发现‘大猩猩’嘛。”露西说。

第三章

Chapter 3

认真玩耍

人不是因为年老而停止了游戏，而是因为停止了游戏才变老的。

——逸名

在播放大猩猩短片要求观众统计传球次数时，我会略施小计给他们施加小小的压力。比如，有时我会告诉他们这是一件很难做到并且很重要的事情；有时会说这是用来测试男性和女性观察技巧的差异；有时我会把在座的观众分成两组进行比赛；有时会让经理们和员工们比赛。无论如何措辞，结果都是一样的。那就是在有压力的时候，即使是轻微的压力，看不到大猩猩的概率也会更大。

这是为什么呢？大脑感受到压力的时候，它就会把注意力集中在一个狭小的区域，不能跳脱出来观察全局。它只关注你自己认为重要的部分，忽略了身边经过的“大猩猩”，有时最简单直接的解决方案就这么擦肩而过了。

1. 置身事外，纵观全局

多年前，我曾是一名专业的魔术师，我最喜欢表演的一个魔术恰好说明了压力、注意力和错失“大猩猩”之间的关系。

通常情况下，我会在一小群观众面前表演这个魔术，我会邀请一个志愿者上台，让他面对观众坐好。然后，我在他身边掏出一张纸，请他仔细观察，我把这张纸揉成团。接下来，我会让观众仔细地观察这个纸团，然后把纸团小心翼翼地“放入”志愿者的手里，请他攥起拳头，然后让他想象纸团消失了。这位志愿者因为突然置身舞台，众目睽睽之下显得十分紧张。当他摊开手掌时，他惊讶地发现纸团真的不见了。观众同样吃惊，但事实上并不是因为纸团消失了，而是因为志愿者当时的反应。

为什么呢？在场的观众把魔术的整个过程看得一清二楚，所以很不理解志愿者为什么会讶异不已。道理其实很简单，我假装把纸团放进志愿者手心的那一刻，迅速把纸团弹飞，越过志愿者的头顶落在了他身后的舞台上。但志愿者全神贯注于我的手，对我的小动作毫无察觉。而观众们置身事外，看到了全局。

寻找“大猩猩”的实战秘籍

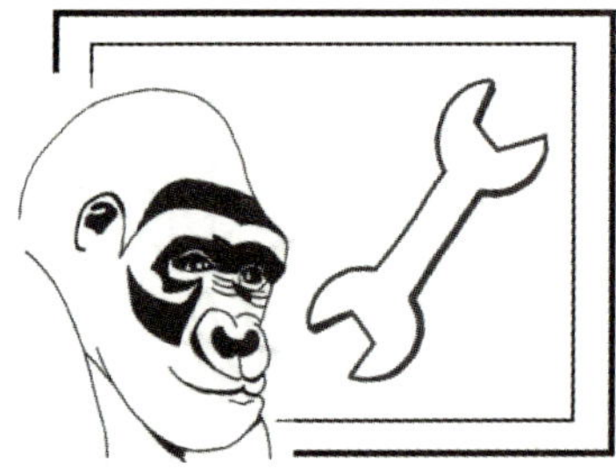

在过去的十年里，我致力于研究为什么有些人总是好运连连，而有些人却总是倒霉。在一次实验中，我给志愿者们一份报纸，要求他们浏览和统计里面的图片。

当然没有告诉他们，我在报纸中间夹放了一份“大礼”。这份“大礼”占据了半页的版面，用大写字母标注：“告诉实验者你发现了此广告，将会得到一百镑的奖金。”

那些运气不佳的人往往专注于数照片而忽略了这个机会。与此相反，那些常交好运的人会更放松，视野更宽，更容易抓住这个赢得奖金的机会。

这是一个简单易懂但很有说服力的例子，幸运的人善于发现机遇并创造自己的幸运。

2. 压力与创新思维的关系

为什么我们在压力之下会更专注呢？这是大脑的工作方式。如果打开头骨，会看到大脑一分为二，左半脑和右半脑。虽然两个半脑貌似双生，协同合作，但是它们看世界的方式却截然不同。神经心理学家设计了一个实验来演示双脑看世界的不同方式。

首先，仔细观察下图中的字母 T，然后纵览全局看到 H。神经病学家在人们观察字母 T 和 H 的时候监控他们大脑的活动，发现人们全神贯注于字母 T 时，左脑特别活跃，但后退一步，看到全局的 H 时，右脑开始活跃起来。这个小实验说明了左右脑分工的不同，左脑更擅长分析，理性、专注；右脑则

```
TTT         TTT
TTT         TTT
TTT         TTT
TTT         TTT
TTTTTTTTTTTTTTT
TTTTTTTTTTTTTTT
TTT         TTT
TTT         TTT
TTT         TTT
TTT         TTT
```

更容易统揽全局，感性、幽默。因此，当你的状态放松时，右脑就会比较活跃，帮助你跳出迷局，看清庐山真面目。

压力不仅让你困坐愁城，还会限制你的创新思维，这一点不难证实。在一次实验中，我要求两组志愿者完成上一章里提到的“方框”任务，我告诉第一组他们有三分钟时间，告诉第二组他们有一分钟时间，最终他们都在一分钟后被叫停。

虽然用了相同的时间，结果却天差地远。下图是实验中的一些典型画作。

这是被告知在一分钟内完成的那一组的作品：

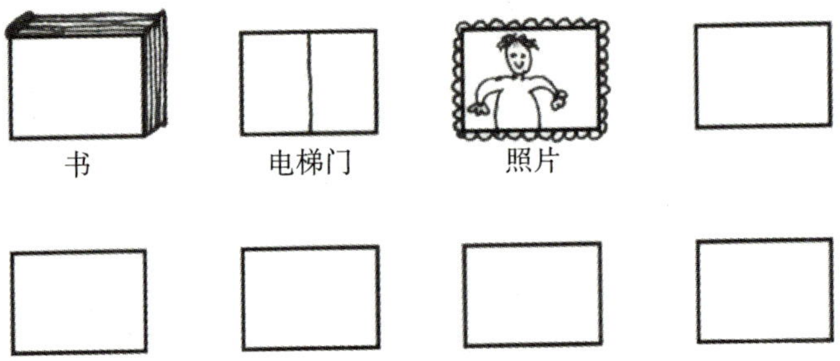

这是被告知在三分钟内完成的那一组的作品：

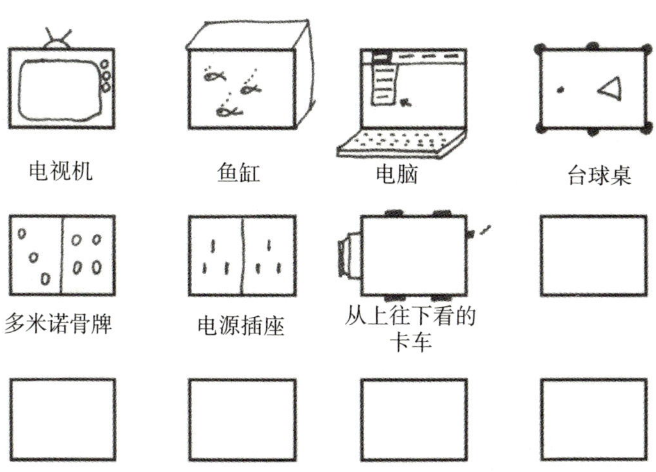

实验表明，压力阻碍创新，让人才思枯竭。它让志愿者完成任务的数量减少，也降低了他们的创造性。

3. 用放松的心态看待世界

放松的心态可以帮助人们找到看待世界的全新视角，这可以从几个老笑话中窥得一二。

从亚里士多德（Aristole）到弗洛伊德（Freud），从柏拉图（Plato）到维特根斯坦（Wittgenstein），他们都发现了笑话的妙处。大家普遍认为，笑话能使人发笑，是因为笑话具有能让人瞬间感知新鲜有趣事物的能力，让我们看到身边隐形的“大猩猩”。

有时，笑话和我们理解文字的角度有关：

我跟体操教练说：“你能教我劈腿吗？”

他问：“你的柔韧性（flexible，既可以指身体的柔韧性，又可以指时间的灵活性）如何？”

我回答道：“我周二没空。”

有时，笑话干脆讲的是人与人之间的关系：

我跟同一个女人相恋五十五年——要是被我老婆发现了，她非杀了我不可。

有时，笑话也可以为一些困境提供“大猩猩”式的解决方法：

两个男孩在树林里走，突然一头熊向他们跑过来。一个男孩脱掉靴子换上跑鞋，另一个男孩大笑，说：“换鞋子你也跑不过一头熊呀。”第一个男孩回答道：“我不用跑过熊，我只需跑过你就够了。”

所谓的智慧就是使那些风马牛不相及的观点快速地联姻。

——马克·吐温（Mark Twain）

美国小说家

道理很简单，大脑通常会把各种想法和观念分门别类地储存。

放松的心态会让大脑从各个角度探查，从而让各种观点发生关联，创造意外之喜。

接下来我们来玩几个字谜，有点搞怪，但很有趣，都是常用词汇。例如：

YOU JUST ME

看清楚了吗？“仅仅”在“你”和“我”之间，答案就是“just between you and me”（只有你知、我知，意为保密）。明白怎么玩了吧，试试这四组单词：

MIND
MATTER
R | E | A | D | I | N | G
TIMING TI–MING
THE GORILLAS MIST

如果你还没解出来，请看答案：“mind over matter”（心胜于物），“reading between the lines”（领悟言外之意），“split-second timing”（毫秒不差），“gorillas in the mist”（迷雾中的大猩猩）。心理学家利用这种字谜来研究放松的心态对发现“大猩猩”的影响。

在很多实验中，实验参与者会被分配大量字谜，要求他们作答。然后，休息十五分钟。休息后要求他们继续回答之前没有回答出的谜语。令人惊奇的是，没有答出的字谜，在休息过后竟然又被答出了三分之一。在休息期间，他们并没有刻意思考字谜。暂时把问题搁置一边，推迟一段时间再继续，有助于大脑从新的角度找到答案。

寻找“大猩猩”的实战秘籍

在研究中，我曾询问实验参与者对“我倾向于采取轻松、愉悦的心情面对生活”这句话的赞同程度。对这句话赞同程度较高的人多数都是经常走运的。同时，为了有趣，我们来看一个笑话：

一条狗走进电报局说：“你好，我想发封电报，内容如下：汪、汪、汪、汪、汪、汪、汪、汪、汪。”

职员礼貌提醒：“你知道吗？你还可以多发一个‘汪’，价钱是一样的。”

狗一脸不解，说：“别傻了，那还叫人说话吗？”

幸运儿们比其他人更能发现这个笑话蕴含的欢乐能量。这再次印证放松的心态对发现“大猩猩”至关重要。

放松心情，放开问题，可以让我们看清全局。从不同角度探究、想象和玩味，心智自开，好运自来。幽生活一默，又怎样呢？“大猩猩”们会循声而来加入派对。

4. 玩耍的智慧

历史上，被欢声笑语诱出密林的“大猩猩”不在少数。还记得在本书开头玩的“消失的大象”游戏吗？17 世纪，朝臣觐见国王，朝堂议事冗长单调，为打发无聊的时间，朝臣们就开始玩这个游戏了，他们偷偷闭上左眼，把目光集中在国王左侧的一个点上。如果位置恰到好处，国王的脑袋就消失了。贪玩的朝臣让国王“掉了脑袋”。

玩耍其实还有其他妙用，它催生了整个文艺复兴时期最伟大的发明。15 世纪，书籍的印刷费时费力，用手工雕刻木制印刷版，均匀地刷满油墨，然后在上面盖上纸张。约翰内斯·古腾堡（Johannes Gutenberg）一心图变，想创造出一种效率更高的印刷技术以实现批量印刷。他思忖良久，活字的概念浮上心头，但苦于找不到省力且高效的办法把纸张平压在活体印刷版上。当时恰逢葡萄丰收，美酒飘香，古腾堡参加了庆祝活动。他无意间留意到酒榨机榨取葡萄汁的方法，立刻意识到同样的方法可以把纸张平压在活体印刷版上。印刷机就此诞生了，这一发明应该归功于古腾堡忙里偷闲去玩耍。

历史总是重现，放松的心态也诱使商界的“大猩猩”频频现身。尼龙的发现就是其一。尼龙丝袜一面市就取得了巨大的成功，仅开售几小时就卖出了四百多万双。不仅如此，这种天才式的材质发明，也为日后其他相关产品的开发铺平了道路，如胶卷、盒带、光盘。是什么因素在尼龙的发现过程中起到至关重要的作用呢？是娱乐的心态。

在当时，杜邦聘请了一个世界顶尖的有机化学家团队来开发一种具有蚕丝属性的复合材料。实验结果并不理想，仿制的蚕丝始终无法与天然蚕丝的韧性和质感媲美。为了给自己打气，科学家们自娱自乐起来，他们比赛看谁能把这种新材料扯得更长。他们把材料的一头粘在一根玻璃棒上，然后开始拉。出乎意料的是，这种材料非常有弹性，能从实验室一头拉到另一头。更重要的是，被拉到极限后，它突然华丽变身，呈现出细致如丝的质感。这个意外发现引发了一系列连锁反应，大量尼龙产品应运而生。几个贪玩的科学家，发现了“大猩猩”，改变了世界。

让我们再来看看飞盘这项世界闻名的运动是怎么来的呢？一

位想跟朋友找乐子的耶鲁大学学生，把一个弗里斯比烘焙公司生产的一次性饼盘翻过来扔向了朋友。随即两人发现盘子的符合空气动力学的外形能让它在空中平稳地长距离飞行。两个人相互投掷，颇有乐趣，飞盘运动便迅速流行起来。时至今日，全球每年卖出的飞盘数量达到数十万，这都要归功于那两个贪玩的大学生。

5. 查查你的“玩商”指数

在过去的几年里，心理学家努力设计出了一种特别的测试，用来测量人的“玩商”（PQ）。这款测试虽然看起来有些古怪，但真实有效。参与测试的方式很简单，只需你的大脑、一枚硬币和一支笔。看下图，圈出 5 到 20 之间的一个数字，不要草率行事，

15 17
5 19
18 16 13
11
7 20 12 8
14
9 19 10

因为这个数字在测试中非常重要。仔细观察，圈出那个最吸引你的眼球、最触动你直觉的数字。

然后，你要用你所选中的数字来测试你大脑的“玩商”，过程既简单又奇特。首先，你把硬币放在写着“起点”的方格中，然后数出你所选的数字，每数一个数字走一格（走到灰色格子时，逆时针绕圆圈行走）。假设有只大猩猩要测试自己的“玩商”，它

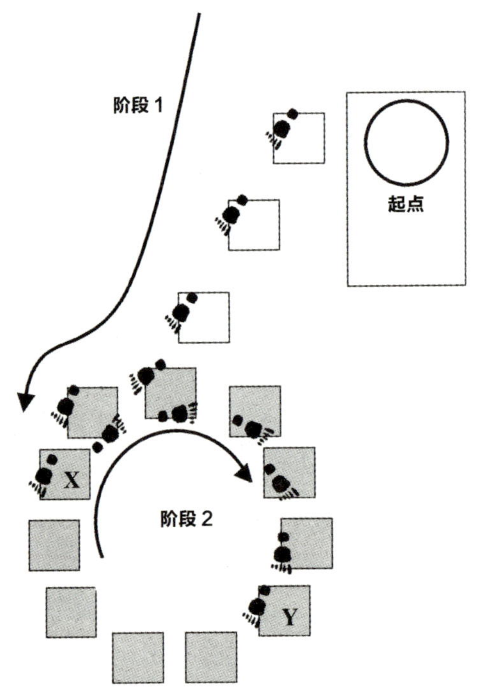

选择了数字 6，就会走到标注了“X”的方格。随后倒着数它的数字，每数一下，顺时针沿灰色方格走一格。这只大猩猩则顺时针走了 6 格，最后走到标注了“Y”的方格。

弄清楚操作方法后，测试正式开始。把你的硬币放在表格顶端的圆圈里，然后一边数数，一边沿着方格移动你的硬币，走到灰格时，逆时针绕圈走，直到数完你的数字，再接着倒数，边数

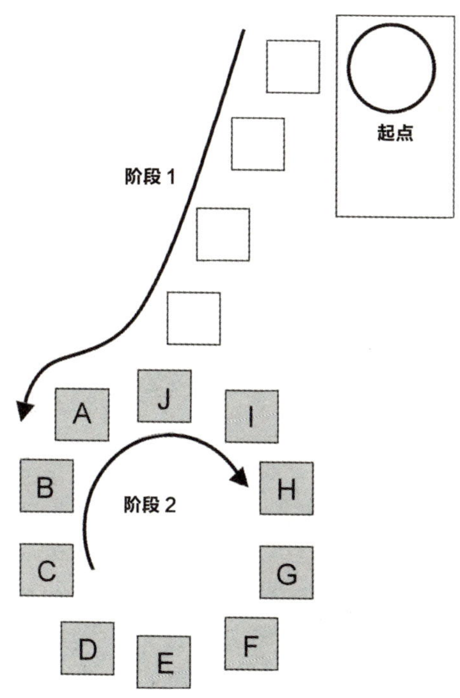

边顺时针绕圈走。

你的硬币最终落在某个字母上，请在下面横线上写出这个字母。

____

这个字母代表了你大脑的“玩商”。想要更了解你自己，只需查看以下对字母的解读。

“玩商”测试结果：

A：你是个单调无趣的人。

B：你没听过几个笑话。

C：你不喜欢娱乐。

D：你缺乏幽默感，几乎不会开怀大笑。

E：你有很高的“玩商”，大脑特别“贪玩”。这是最棒的字母。

F：唯一让你的嘴角泛起弧度的方法就是在你的嘴上挂个衣架。

G：你不喜欢出丑，不懂自嘲。

H：你不是在开玩笑吧？这是最坏的结果。

I：童年跟小丑的不愉快经历导致你不喜欢大笑。

J：你有点古怪，你对鱼充满了幻想，我说中了吗？

K：根本就没有K，你怎么走到这儿的？

至此，你也许看出来了，这并不是个严肃的测试。基于一个简单有趣的数学原理，不管选择哪个数字最终都会落在字母“E”上。抱歉，逗你玩了一回。但值得玩味的是，如果人们被归类为高“玩商”，他们就不会怀疑测试结果。如果有人误操作，导致测试结果不理想，他们就会仔细检查，很快就会发现问题所在。这也印证了人们只喜欢看到自己所期待的结果，从而妨碍了我们从新的视角审视问题。好吧，少来这套高深理论了，这次测试只是博大家一笑，你也可以拿给别人玩，相信大家都会觉得有趣的。

这个测试最关键的一点就是你对测试的态度，如果你觉得很有趣味，那说明你有放松的心态，也更容易发现“大猩猩”。

本章小结

娱乐和玩耍可以帮助人们放松心情，而轻松愉悦的心态能让人从全新的视角，看到更大范围的景象，从而实现突破和创新，发现“大猩猩”。

请认真保持愉悦放松的心情哦。

寻找“大猩猩”的实战秘籍

如果你总是神经紧绷，即使是认真思考，也会被限制住思维。要想发现“大猩猩”，就要退后一步，放松心

情，使右脑活跃起来。

秘籍一：不要纠缠细节，用更宽广的视角俯瞰全局。后退一步，用粗线条勾勒全景。想想各环节如何相互关联，它们的发展趋势如何，重点是什么。

秘籍二：休息十五分钟，去草地上躺一躺，看看蓝天白云，保持深呼吸；你也可以在周末的时候预约一次按摩或者去公园散散步，保持轻松愉悦的心态，放宽视角。

秘籍三：让自己笑一笑（如果笑不出来，找个人让他笑给你看），看一部让你捧腹大笑的喜剧片，让自己随着剧情笑声迭起；也可以找个同事玩一下上面的“玩商”测试，当然是不事先告诉他答案了。你也可以把同事的照片进行编辑处理，让他看起来像猫头鹰，也可以尝试穿着毛茸茸的外套假扮动物过一天。总之，去做一切可以让你放松身心的事情。

露西神清气爽地走进办公室，坐了下来：“早上好，奥利弗，今天天气不错，你还好吗？”

“我很好，你呢？”

“还不错。今天有什么日程安排？”

奥利弗查看了一下工作日志：“首先是研讨会，讨论下个月的营销会议。这是本地区的营销人员第一次也是唯一一次碰面机会，我们要想办法活跃气氛。”

“说得对，这个问题以前出现过，活跃气氛是个难题。顺便问下——你腋下夹个小丑面具干什么？”

奥利弗脸上掠过一丝尴尬：“嗯……我不知道你有没有留意到，上周末我读了那本关于大猩猩的书，我就从化装舞会用品店买了这个面具，希望它能帮助我在研讨会上放松心情。”

露西眉毛轻挑，大笑起来：“你是要通过小丑表演来活跃会议的气氛吗？——好主意！”

“那倒不是，我只是借这个面具给大家带点乐子，我还从网上下载了些笑话，逗大家一乐，也许更有助于活跃思维、集思广益。”

“可我觉得书中讲的玩耍和放松，并不是你这个意思吧。”露西有点担心地说。

奥利弗站起身，戴上面具，低头看便笺：“现在谁是怀疑论者？你怎么知道这没有用呢？你转换立场了？哦，等一下，出问题了。”

露西大笑，突然打住：“说实话，你让我想到一件事，这些销售人员确实很喜欢开玩笑，不如就给与会的每个人一张卡片，上面写好一个笑话的前半段或者后半段，让他们自由交谈，找到另一半，给笑话配对。”

“这确实可以活跃气氛，配错的笑话可能更搞笑，这也传递出公司对创新喜闻乐见。卡片背后写上销售目标。还有最好让不同地区的人员搭配在一起。你是对的，这确实是个好主意，到时就在研讨会上提出这个建议。”

奥利弗看看手表，站起来：“我们得赶快了。”

“是啊，但开会前你还是放下小丑面具为好，你不想让别人把你当傻瓜吧。”

第四章

Chapter 4

是时候叫醒大脑了

鱼是最不知道水为何物的。

——逸名

1.“视”而不“见”的钟面

我要请你完成一幅不完整的画。这是一件司空见惯的寻常之物，你会很容易找到它，顺利完成你的任务。但我不是要求你找到这件物品照着画，也不是测试你的画画技巧，而是想通过这幅画提醒你，大脑经常对熟识的事物视而不见。鉴于此，请凭自己的记忆完成这幅画。这其实并不难，生活中你见过很多次了，刚刚你也看到了一幅关于它的画。

它是一个带有罗马数字的钟表，下图的表盘不完整，缺了 1、4、10 三个数字。请凭记忆填上缺少的数字。

你填得怎么样？翻到 124 页，检查你的答案。问题的关键是数字 4 的写法。罗马数字 4 通常写作“IV”，但在几乎所有的表盘上（伦敦的大本钟除外）数字 4 写作“IIII”。虽然生活中看过那么多次钟表，在第二章的字谜提示中也见过，但你可能并没有注意到或者记到心里。

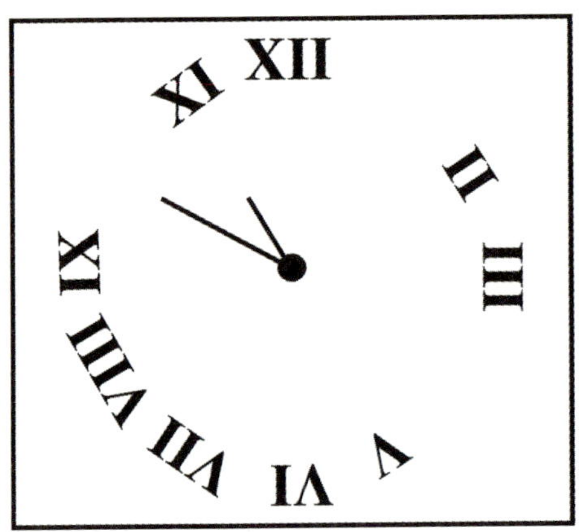

如果上面的问题你没有答对，不要灰心，心理学家用这个问题测试过成百上千的人，绝大部分人都答不对。在一些实验中，心理学家甚至要求人们比着罗马数字表盘画画，很多人仍然会把数字 4 写作“IV”而不是“IIII”。

这究竟是为什么？毕竟你对钟表那么熟悉，而问题恰恰就出在这里。你的大脑善于捕捉变化，但对熟悉的事物却会视若无睹，这就是为什么你对自己国家的邮票和硬币不会在意。然而，如果到一个陌生的国家旅行，你就会仔细观察当地的邮票和硬币，因为它们对你来说是新奇的。这一点很容易被证明，设想你飞到了冈比亚，第一次看到下图中的邮票，瞬间你就记住了这个大猩猩。

道理很简单，你若反复看同一件东西，大脑就关闭了。不是说你就看不到钟表了，你当然能看到，否则你就不会知道现在是几点钟了。事实上，你的大脑不会再仔细审视和认真思考。大脑对变化反应敏感，钟表这样的寻常之物会让它从“手动驾驶”变成“自动驾驶”，它会变得僵化、机械，开始不假思索地想当然。

不仅钟表如此，日复一日，用同样的方式遇见同样的人，交流就流于形式和敷衍；年复一年，用同样的方式解决同样的问题，人就变成了行尸走肉。每天沿同一条路开车上班，就不再关心沿途的风景。

如果你不幸对应上了上面所说的话，不要难过，大脑就是这么工作的。我们所有人都一样，即使深谙此理的人也逃不过。威廉·詹姆斯（William James）是现代心理学的创始人之一，他有一件广为流传的趣事。某天傍晚，他打算上楼换衣服，然后等待朋友来访共进晚餐，但他却脱下衣服，穿上睡衣就上床睡觉了。这是怎么回事呢？你肯定猜到了，大脑有时会不假思索地想当然，机械地遵照日常规律惯性运作。

2. 惯性思维的圈套

往往那些简单寻常的事才是最重要的，我们却常常对它们熟视无睹。

——路德维希 · 维特根斯坦（Ludwig Wittgenstein）

奥地利哲学家

大脑的这种“视”而不“见”的规律对我们寻找“大猩猩”至关重要。为什么呢？因为大脑在进入机械化状态下是很难发现机遇的。请看下页这个简单的街区地图，心理学家正是用它来研究僵化的大脑是如何妨碍人们发现“大猩猩”的。

针对这张街道图，心理学家对实验志愿者提出的要求是：尽可能画出一条线路，使起点到终点的路线最短。正如你所看到的，有一条街道斜穿过一个街区，但这条对角线街道并不能帮你更快到达终点。志愿者们几乎都画出了水平和垂直的路线。

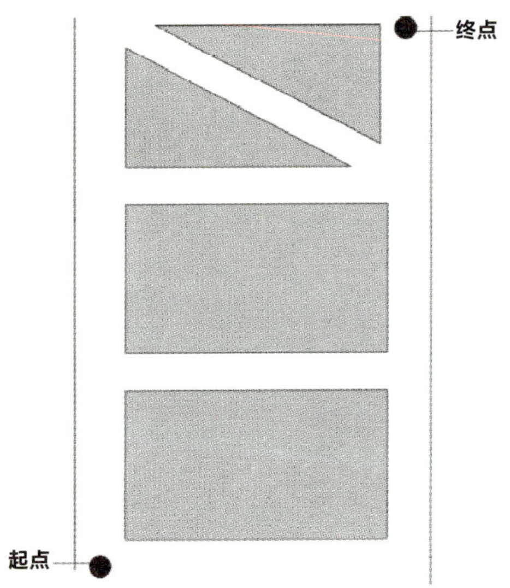

随后，心理学家又给志愿者们展示了一张类似的地图，要求他们完成同样的任务。其后不断重复，一直画了十几张。志愿者们的大脑开始变得僵化，按照惯性机械运作了，正如每天沿同一条路开车上班的人一样，对熟悉的风景开始视若无睹。如何确定这一点呢？在画过多张类似的街区地图后，实验者们略施小计，给了志愿者们下页这张地图。

这张地图与此前的差别很大，其中贯穿街区的对角线方向变了，这是到达终点的捷径。但几乎没有志愿者发现，他们囿于先前的经验，惯性思维，因此错失了机遇，没有发现这条捷径。

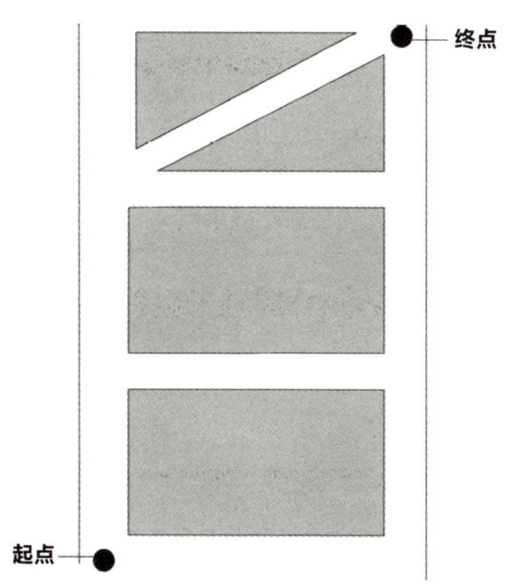

惯性思维影响着我们日常生活的方方面面。例如，要求物理系学生用一个气压计测量一栋酒店建筑的高度。他们对此并不陌生，绝大多数人会不假思索地根据自己的专业知识按部就班地计算：先测量地平面的气压，再登到楼顶测量最高处的气压，再把两处的气压差套入一个复杂的公式，最后计算出建筑的高度。只有一个学生灵光乍现，想到了一个新的办法。他找到一位酒店的管理人员，请他说出建筑的高度，然后把气压计作为礼物送给他。这个学生叫波尔，后来成了诺贝尔物理奖获得者。

3. 透过表象看本质

用同样的方式重复做同样的事情，你只会得到同样的结果。

——逸名

透过表面现象看到本质的能力在商界是十分重要的。在一个企业内部，组织和个人一般都会按照常规流程，用同样的方式做同样的事，很少有人对既定流程提出任何异议。这样，在工作中出现的很多机遇都会被错过。让我们来看一下汽车大王亨利·福特，他是如何在新款T型车（Model T Car）的生产过程中发现削减成本的新方法的。

福特一直想降低T型车的成本，他坚持让供应商们为密歇根的汽车工厂供货时都要用特定尺寸的板条箱包装，甚至规定了板条上螺丝孔的具体位置。有的供应商觉得这个百万富翁很古怪，有的猜测是为了匹配传送带的规格。几个月后，一家颇受欢迎的杂志社披露了福特这一做法背后的真实原因。木质板条箱送到后，福特的工人们取出货物后可以就地分解这些箱子，而拆下来的木板就可以做新车的车底板。

这个“大猩猩”式的发现使福特不仅改变了原来的运输环节，而且大大降低了汽车生产的成本。

4. 唤醒休眠大脑的秘术

那么该如何避免僵化思维呢？如何叫醒你的大脑，让它从昏睡状态切换到警觉状态呢？两种方法不妨一试。

方法一

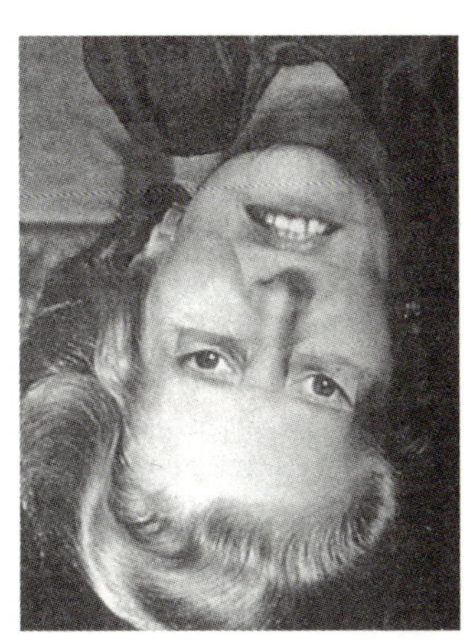

给大脑一点刺激，让它保持对事物的好奇。看一看旁边的图片，你现在看到的是英国前首相玛格丽特·撒切尔夫人（Margaret Thatcher）的一张上下颠倒的脸。你的大脑对这样的脸可不陌生，它见得多了，就疲惫了。是时候叫醒你的大脑了，现在把书倒过来看一下，这张脸就截然不同了吧。

这个世界从不缺奇迹，缺的是对奇迹的渴望。

——霍尔丹（J. B. S. Haldane）

英国科学家

现在你可以做出选择。如果你不喜欢这个让人产生错觉的画像，那就忽略它，请跳至下个段落继续阅读；如果你想用这个错觉带来的新奇感唤醒你的大脑，那么你可能想知道这个画像是由研究脸部感知能力的心理学家创造出来的。

它让你大吃一惊，是因为你的大脑看惯了正常的脸，也就是眼睛和嘴巴没有通过数码技术颠倒过来的脸。所以，画像颠倒过来的时候，你的大脑看到的并不是你眼前的画像而是你的大脑中的画像。

有趣的是，这跟本书中讨论的其他话题不谋而合。例如，这个错觉也印证了视角的力量。从一个角度看，这张脸呈现一副模样，换一个角度，则是完全另一副模样。而且之所以选择撒切尔夫人的画像，这并不是出于偶然，而是因为用特别的视角看一张熟悉的脸比看一张陌生的脸更能产生“笑”果。

本书开篇介绍了著名的“消失的大象”的幻觉游戏，这是什么用意呢？这同样是为了唤醒你的大脑。你每时每刻都在用眼，看起来是再熟悉不过的行为，但消失的大象呈现给大脑与众不同的体验，让它对世界重拾好奇。解释幻觉产生的原因可以进一步激发好奇心，因为你从中知道眼睛的结构原来如此神奇。光线进入眼睛，落在眼球后面的视网膜上，视网膜上有超过一亿三千万个细胞，会即时传送信息给连接眼睛和大脑的视神经纤维。这些纤维全部经由眼球后面一个几毫米宽的小洞导出。这个区域没有光感细胞，因此形成了盲点。然而，你的大脑会不断地用周围信息填补这个空白。在大象幻觉游戏中，大象落在了你的视觉盲点上，你的大脑看到了大象上方和下方的空白处，就感觉那里应该是空白的，于是产生了大象不存在的幻觉。

我并不是绝顶聪明，也不是天赋异禀。我只是充满好奇。

——爱因斯坦（Albert Einstein）

物理学家和数学家

那么上一章提到的“玩商”测试呢？正如我解释过的，这个测试是用简单有趣的数学原理让每个人最终都得到同一个字母。知道真相后，你是顺藤摸瓜去弄明白这个有趣的概念呢，还是仅仅一笑而过？同样，本章开头讲到的罗马数字表盘，有些参与实验的志愿者会去探究为什么在表盘上数字 4 会写作“IIII”，而其他人则会不加理会，轻易放过。

这是你的选择，但事实很清楚，遇到特别的事物时，追本溯源比不求甚解更有可能帮助你发现“大猩猩”。

吸引“大猩猩”的实战秘籍

心理学家研究“好奇心理学”已达一个世纪之久。在此期间，他们设计了形式多样的测试来衡量人们对世界的好奇程度。我的研究印证了运气好的人得分比其他人更高。这是为什么？这又意味着什么？

想要发现大猩猩就要对新鲜事物刨根问底、追问反思，而不是置之不理、不闻不问。习惯于追本溯源的人比不求甚解的人更容易被幸运垂青。

方法二

还有一招可以叫醒你的大脑，那就是转换视角，用新眼光看待老问题，把大脑从“自动驾驶”模式切换到“手动驾驶”模式。如何切换呢？那就是要不断供给大脑新鲜有趣的信息。以电脑键盘为例，它在生活中随处可见，此刻它可能就在你的面前。现在请回答一个简单的问题，它会让你用全新的眼光看待这个再熟悉不过的东西。这个问题是：为什么键盘上的字母用这种方式排列呢？实际上键盘是在19世纪初为手动打字机设计的。当时打字机的技术跟不上打字员输入的速度，字母经常重叠在一起，导致模糊不清。要解决这个问题，当时并没有花费巨大成本来改良打字机的技术，而是设计者突发奇想，设计出了一个新键盘，把最常见的字母组合（如th和an）均衡地散布在键盘上，以此来配合打字员的速度。同时他们还专门为不会打字的销售人员做了特别设计。他们把“typewriter”（打字机）中的字母全部放在最上面第一排，这样销售人员就很容易快速打出这个单词，来吸引客户了。了解到这些信息，你的大脑是不是开始对电脑键盘另眼相看了？

日常生活也是如此，生活每天在重复，大脑慢慢出现疲态。激活你的大脑，让它相信这是一个初次相识的世界，很多方法可以帮助你做到这一点。在一次实验中，心理学家鼓励那些经验丰富的销售人员放弃惯用的老套推销技巧，改用一种全新的思路，像初次见面一样对待每一位老客户。从老客户们对销售人员通过多种渠道做出的评价中，很明显可以看出，从“自动驾驶”转换为“手动驾驶”的销售人员给人的印象更有魅力、更富见识、更具说服力。这个简单的方法激活了销售人员的大脑，让他们把每一个客户看作一个潜在的“大猩猩”。

少一点按部就班，生活更有趣味。

——阿莫斯·布朗森·奥尔科特（Amos Bronson Alcott）

美国教育家和社会改革家

以上这些问题和练习让你的大脑开始活跃起来，激发起它对寻常事物的好奇，这个简单的改变足以让你邂逅“大猩猩”。例如，在 20 世纪 50 年代早期，乔治·德·梅斯特拉尔（George de Mestral）住在家乡瑞士，一天他散步归来，发现衣服上沾满了苍耳子。多少年来，大家都是这么过来的，早就习以为常了。但乔治富有好奇心，他没有坐下来把苍耳子一颗一颗摘下来，而是不禁发问为什么它们会沾在衣服上。仔细观察后他很快就得到了答案，苍耳子身上布满了小钩子，让它很容易沾到织物上。这个简单的发现让乔治陷入沉思，他在想可不可以用同样的方法让物体表面粘贴在一起。他的想法最终促成了“魔术贴”的设计和生产。这个不可思议的发明使用范围极广，从户外服到童鞋，从展示板到行李箱，从室内装饰到太空旅行，它几乎无处不在。

发现“大猩猩”就是鼓励你的大脑从“自动驾驶”转换到“手动驾驶”。心怀好奇，多想多问。善于发现意外之喜，于寻常中发现不寻常，知其然，然后知其所以然。用赤子之心感受平常，用宛如初见的眼光搜索打量，用不带功利的心态质疑询问。打破常规，改变积习。一切从头开始。

是时候叫醒你的大脑了。

寻找“大猩猩”的实战秘籍

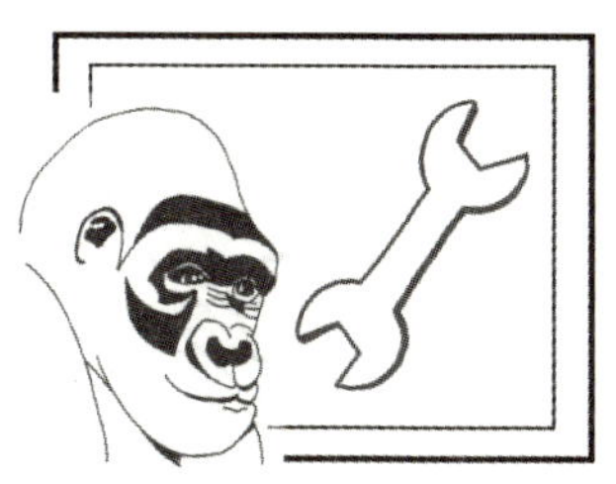

当世界变得让人越来越熟悉时，大脑就会尽显疲态，机械地处理问题，不再探究，不再留心外界事物，机遇就会离你而去。所以你需要做的事就是激活你的大脑，改变休眠的状态。

秘籍一：仔细观察某个熟悉的物品，可以是你的汽车，或是你正坐着的那把椅子，或是你口袋里的钢笔，或者是你用了多年的书桌。不管什么物品，审视它的纹理和颜色，细致入微地检查你不曾留意的角落。此刻，你需要的是用心看，而不是想当然。体会你的感受，每次大脑开始溜号，就用这个练习把它拽回来。

秘籍二：培养好奇心，每周问自己一个有趣的问题，或者是关于工作，或者是关于兴趣、关于一件趣闻，或者是关于一次冒险，也可以是你一直想弄明白的问题，比如大象是如何跟百余里以外的其他同伴沟通的？人为什么会笑？香蕉皮的颜色为什么是黄的？为什么你可以看懂错别字很多的句子？放下你的功利心，花上一点时间和精力找到这些问题的答案。

秘籍三：想一想与你共事多年的同事，写出几个词来形容他们，这些就是你用来衡量他人的标准。现在换个眼光来看他们，想想他们的外形，他们的兴趣爱好，他们与人交往的方式，他们的梦想和雄心，他们在生活中扮演的角色。尝试任何可以让你重新认识他们的方式。

培养好奇心，多问多想，让每一次相逢都如初见，用赤子之心拥抱世界。

奥利弗坐在吧台旁，转身对詹姆斯说："仓库的工作最近怎么样啊？"

"最近遇到很多困难，我们需要工作人员用电脑记录入仓和出仓的货物，但那里温度太低，灰尘太大，我们的掌上电脑总是崩溃。"

"嗯，听起来是很糟糕，那你怎么处理呢？"

詹姆斯拿出一支铅笔开始在一个啤酒杯垫上画起来。"跟往常一样，向维修人员求助，让他们来想办法。一开始他们把电脑装在一个密闭盒子里，但很快盒子就布满灰尘，看不到显示器，没法操作了。"

詹姆斯还在继续说，奥利弗却看着他画在杯垫上的图表，陷入了思考。"我们找了另一个维修团队，他们想到的办法是制造一个便携的跟这里一样干净的房间，我们的工作人员坐在里面，操控它在仓库里随处行走，但这压根就不现实。"

"的确不现实，也许我们把最简单的办法忽略了。"

"你的意思是？"

"你看，过去我们老用一样的办法解决问题，花钱请顾问，进行技术攻克。”

“对不起，我还是不明白。”詹姆斯边说边把铅笔放回到口袋。

奥利弗笑了：“你看，这里乱腾腾的，烟雾缭绕，满桌啤酒，你是不会在这里用手提电脑的，对吧？”

“对呀。”

“所以，你用了铅笔。那为何不让仓库的工作人员用铅笔记录数据，然后再录入到旁边房间的电脑里呢？铅笔虽小，但它效率高，它不受环境限制，无须专门培训，它不会崩溃，也不怕掉到地上。”

詹姆斯把铅笔从口袋里拿出来，仔细端详，就像他之前从没见过铅笔一样。

结论

Conclusion

大猩猩就在丛林里

不起眼的机会往往是伟大事业的开端。

——德摩斯梯尼（Demosthenes）

古希腊雄辩家

我们寻找“大猩猩”的奇幻之旅马上就要到达终点了。在相互道别之前我还有一件事情相告。现在全世界存活的大猩猩仅剩六百五十只。多年来，大猩猩赖以生存的环境不断遭到破坏，且经常惨遭杀戮，数量急剧减少。所以在书中我一直在用越来越稀有的大猩猩做比。

现在的世界高速运转，让人倍感压力。然而，人们还是按照以往的模式来做事，甚至被鼓励按照相同的方式思考和行为处事，以相同的方式给事物做分类，以相同的方式观察世间百态，随波逐流，循规蹈矩，而不敢违逆常态。沿着别人的路径行走，而不是探索一条与众不同的路；对于现状只知道接受而不知道质疑，这样只会与机遇擦肩而过。

因此，培养发现“大猩猩”的能力，能够以独特的角度看世界，始终保持轻松愉悦的心态，能够关注到事物的全局而不是只窥视一点，对于身边发生的每一件事都当成第一次，保持好奇……这些都愈加重要。

“大猩猩”的发现已然改变了世界，随着更多“大猩猩”被发现，相信其终将会推动历史的变革和改变人们的日常生活方式。而且，它也将赋予科学家更多的创造激情和灵感，从而提出更多更深刻的科学理论。而随着理论的不断强化，又势必会推动科技的发明和应用，从而创造出更多更好的产品和服务，极大地改善人们的人际关系，也可以使人们以更好的方式看待自己和他人。

寻找“大猩猩”的旅程是时代的必然和发展的趋势，它大胆前卫、引领潮流。希望你能喜欢这次旅行，并在旅途中也能偶遇几只“大猩猩”。

我们的探险之旅马上要结束了，也该回到现实世界了。

希望在这次旅程之后，你所面对的现实，能够呈现一个全新的面貌。

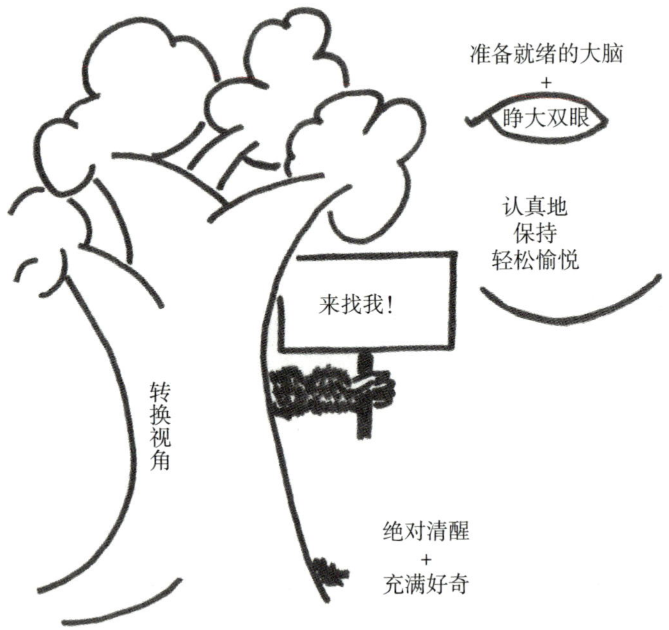
准备就绪的大脑
+
睁大双眼
认真地
保持
轻松愉悦
来找我！
转换视角
绝对清醒
+
充满好奇

“哇，”奥利弗写完了海报，不禁说道，“本来以为不就是一个打扮成大猩猩的家伙嘛，我得承认一开始我很怀疑，但读完后它确实让我开始思考。唯一的不足就是作者老拿我们来说事。”

“是啊，我明白你的感受，”露西说，“但这该归咎于如今流行的写作手法。玛莎没有想出跟客户建立长期关系的广告创意，这让我感到有些失望。”

此时，一声轻响提示露西的电脑收到一封新的电子邮件。

露西看了看屏幕：“是玛莎发来的，标题是‘新的广告创意’。”

“说曹操曹操到啊！”奥利弗略带讽刺，“邮件怎么说啊？”

露西打开邮件，大声读了出来：

收件人：露西·坎济

发件人：玛莎·沃肖

主题：新的广告创意

露西：

你好！

我要告诉你一个令人兴奋的消息。你以前建议我暂时放下广告创意，打开心扉，放松心情，也许创意会不请自来。我听从了你的建议，周末我带我家最小的孩子去了市中心新开放的美术馆。

这是一个很棒的变形艺术展览。几百年来，艺术家们通过纵向拉伸把一些形象隐藏在他们的画作里。这些作品貌似古怪，但如果你闭上一只眼睛，沿着画面仔细观察，隐藏的形象就会跃然纸上。这些画作经常被用来传递秘密信息。为了让你直观地看到，我附了一张创作于 17 世纪的查理一世画像。不知何故，流连于展览时，我突然冒出一个绝妙的主意。我们可以请这个设计团队为我们合作最久的客户设计变形画像，做成细长的平面广告刊登在报纸上，配以文字：“我们用长远的眼光看待客户。”

我们可以加一行文字介绍我们的客户，同时注明客户之所以觉得我们有吸引力是因为我们目光长远，跟客户患难与共，共享输赢。这样的广告可以展示出我们的创意以及敢为不同的精神。用客户形象做广告也传达出我们重视客户、以客户为中心的理念。在公司宣传册上也可以印制同样的形象，甚至可以放大印在海报上。怪诞的设计会让这些广告分外惹眼，人们本来就喜欢猜字谜，这样它会被更多的人接受。

今早的例会上，我汇报了自己的想法，大家都表示赞同，我为此感到很兴奋！

祝好！

玛莎

"太棒了！"奥利弗喊道，"必须说我们确实找到了几只自己的'大猩猩'，给我们公司带来了很大改观。自从解决了电梯问题，很多人等电梯不再烦闷了；仓库既省了开销，又省了麻烦；销售会议上大家互相结识玩得很开心；现在玛莎又想出了绝妙的广告创意。"

露西和奥利弗拿着他们的咖啡杯，转身看通知栏上的海报。

“为我们和我们找到的‘大猩猩’干杯！”露西说。

“还为那些此刻正藏在‘丛林’里等待被发现的‘大猩猩’！”

他们的咖啡杯碰撞出清脆的响声，此时，电脑也发出一声轻响，提示又收到一封邮件。

奥利弗看向屏幕。

“还是玛莎的邮件。”

奥利弗和露西打开邮件，先是一脸疑惑，随后放声大笑起来，邮件里写道：“我发现‘大猩猩’了！”

附录

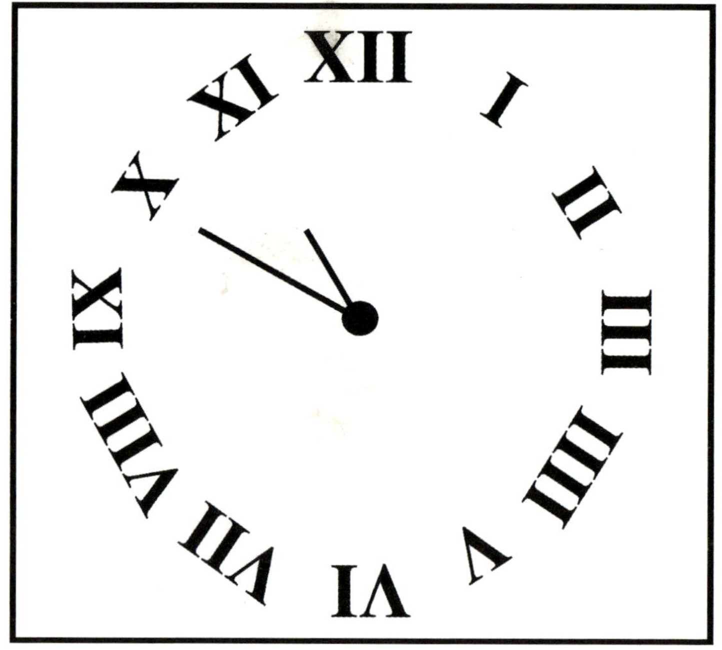
XII
I
II
III
IIII
V
VI
VII
VIII
IX
X
XI

手机扫描二维码
直接加入博集书友会微信

上架建议：心理学

ISBN 978-7-5404-7804-9

定价：35.00元